杜晓宇◎著

读懂经典
DUDONGJINGDIAN

三国正解
陈寿与《三国志》

中国少年儿童新闻出版总社
中国少年儿童出版社
北京

图书在版编目（CIP）数据

三国正解：陈寿与《三国志》/ 杜晓宇著. -- 北京：中国少年儿童出版社，2022.12
（读懂经典）
ISBN 978-7-5148-7741-0

Ⅰ.①三… Ⅱ.①杜… Ⅲ.①《三国志》- 青少年读物 Ⅳ.① K236.042-49

中国版本图书馆 CIP 数据核字（2022）第 213019 号

SANGUO ZHENGJIE CHENSHOU YU SANGUOZHI
（读懂经典）

出版发行：中国少年儿童新闻出版总社
　　　　　中国少年儿童出版社

出 版 人：孙 柱
执行出版人：马兴民

丛书策划：李学谦	责任校对：杨 雪
责任编辑：赵 勇	责任印务：厉 静
封面设计：徐经纬	

社　　址：北京市朝阳区建国门外大街丙 12 号	邮政编码：100022
编 辑 部：010-57526306	总 编 室：010-57526070
发 行 部：010-57526568	官方网址：www.ccppg.cn

印　　刷：北京利丰雅高长城印刷有限公司

开　本：720mm×1000mm　1/16	印　张：16.25
版　次：2022 年 12 月第 1 版	印　次：2022 年 12 月北京第 1 次印刷
字　数：115 千字	印　数：1-5000 册

ISBN 978-7-5148-7741-0　　　　　　　　　　　　定价：78.00 元

图书出版质量投诉电话 010-57526069，电子邮箱：cbzlts@ccppg.com.cn

写在前面

对于大多数读者来说，三国的历史是既熟悉又陌生的。说熟悉，三国故事几乎妇孺皆知，如"桃园三结义""空城计""蒋干盗书""借东风"，可以说很多人了解三国历史，不是通过《三国志》，而是通过《三国演义》。不过，需要说清楚的是，《三国演义》是罗贯中根据长期流传的三国故事再创作而成的作品，我们上面提到的几个三国故事，在真实的历史中恰恰是不存在的。而《三国志》是一部史书，比较忠实地记录了东汉末年的战乱、三国鼎立的形成、三国的英雄人物为统一所做的努力，要了解三国的历史还是要认真读一读《三国志》。

近年来有关三国历史的研究进一步深入，对于三国时期的一些问题有了更加深刻的认识，小的方面如"关羽的兵器是青龙偃月刀吗""历史上真有'桃园三结义'吗""木牛流马到底是怎么回事"，大的方面如"关羽与曹操和孙权鏖战了半年之久，刘备为何不出兵救援""孙权为何迟迟不敢称帝""诸葛亮的北伐为何不能成功""刘禅到底是不是扶不起的阿斗"等，这些问题都值得我们走入《三国志》，重新审视一番三国的历史真貌。

历史是由一个个人物和事件组成的。历史要写得真实生动，让人读得下去，就要讲好故事。但历史又不仅仅限于讲故事，历史还包含了我们认识过去、了解现实、观察未来的智慧和方法,比如对于曹操的评价,就包含了我们学习历史的经验和原则。在不同的历史时期对曹操的评价大相径庭。大体上说,在南宋以前对于曹操是有褒有贬,南宋以后则以贬为主,到了《三国演义》问世,曹操就成了"白脸奸臣"的形象,而二十世纪五十年代历史学界又开始为曹操翻案。一个历史人物的评价,为什么能牵动各个时代学者和大众的神经呢?这也是需要我们认真审视的。

目 录

三国时代与《三国志》/1

- ◎ 三国是大动荡的时代,又是孕育新希望的时代 /2
- ◎《三国志》的编撰 /5
- ◎《三国志》的注与裴松之 /8
- ◎《三国志》的历史观与陈寿其人 /11
- ◎《三国志》与《三国演义》/14

东汉的终结者——读《魏书》,说曹魏 /25

- ◎ 中原争霸 /26
    - 大瘟疫、大贤良师和黄巾大起义 /26
    - 外戚与宦官的最后一次决斗 /31
    - 董卓进京,大动荡时代来临 /37
    - 北方军阀"大海选" /45
    - 袁曹携手进"决赛" /49
    - 官渡大战,曹操赢得"决赛" /55
- ◎ 魏氏三祖——曹魏的开创与守成 /65
    - 太祖曹操的正面与侧面 /66
    - 气量狭小的世祖曹丕 /82
    - 有类秦皇汉武的烈祖曹叡 /91

◎ 政归司马氏 /101
　　司马懿和曹爽 /101
　　高平陵之变 /106
　　淮南三叛 /108
　　曹魏的绝地反击 /109

两汉的余脉——读《蜀书》，说蜀汉 /115

◎ 刘备的创业 /116
　　出身：世上本无刘皇叔 /116
　　起步：涿县起兵 /120
　　得徐州，失徐州 /122
　　奔荆州，取荆州 /131
　　建国称帝 /143
　　永安托孤 /156

◎ 蜀汉的诸葛亮时代 /168
　　开府治事 /168
　　南征北伐 /172

◎ 蜀汉的后诸葛亮时代 /181
　　蒋琬当政 /181
　　费祎继任 /182
　　姜维北伐 /184
　　刘禅降魏 /189

坐断东南——读《吴书》，说东吴 /195

- ◎ 孙坚孤微发迹 /196
- ◎ 孙策并江东 /202
- ◎ 孙权立国称"大帝" /210
    - 坐领江东 /211
    - 东吴四英将 /214
    - 开发江南 /220
    - "宫斗"困局 /222
- ◎ 三国归晋 /226

汉末三国时代社会风貌 /235

- ◎ 从关羽的"青龙偃月刀"说起 /236
- ◎ "木牛流马"与三国时代的车 /239
- ◎ 舌尖上的三国 /241
- ◎ 亲射虎，看孙郎 /243
- ◎ 建安风骨与魏晋风度 /246

参考文献 /250

三国时代，实际上开始于公元220年汉献帝禅位、曹丕建立曹魏政权，结束于280年晋灭吴、三分天下重归一统。可是，按照这个划分法，很多熟悉的三国人物就被划在三国时代之外了，如董卓（卒于192年）、吕布（卒于198年）、袁术（卒于199年）、孙策（卒于200年）、袁绍（卒于202年）、刘表（卒于208年）、周瑜（卒于210年）、庞统（卒于214年）、鲁肃（卒于217年）、夏侯渊（卒于219年正月）、关羽（卒于219年冬）、曹操（卒于220年正月）。所以，通常我们所说的三国时代，包括前三国时代（184年—220年）和三国时代两个前后相承的时代，严谨的说法应该是汉末三国时代。

三国时代与《三国志》

三国是大动荡的时代，又是孕育新希望的时代

三国时代是王朝解体、群雄争霸的时代。这是一个因朝政腐败导致天下大乱、群雄割据，发展到三国鼎立，再逐步实现重新统一的历史时期，以赤壁之战分界，可以分为"中原争雄"和"南北对峙"前后两大阶段。前期，由董卓进京导致诸侯蜂起，地方牧守、世家大族、富室强宗以声讨董卓的名义纷纷起兵，势力大的军阀集团占据州郡，势力小的军阀集团占据城邑和乡里，在征伐董卓的同时又互相厮杀火并，人口集中、经济发达的中原地区成为战场，出现了"白骨露于野，千里无鸡鸣"的悲惨局面；后期，形成了中原曹魏、江东孙吴和西南蜀汉三大集团，战争的区域主要集中在长江流域和汉中、西北地区。三国时代，大大小小的战役数不胜数，仅参战兵力在五万以上的大型战役就有92次之多，几乎平均一年一场大战，我们耳熟能详的就有界桥之战、官渡之战、赤壁之战、汉中之战、四越巢湖之战、夷陵之战。此

蒿里行
曹操

关东有义士，兴兵讨群凶。
初期会盟津，乃心在咸阳。
军合力不齐，踌躇而雁行。
势利使人争，嗣还自相戕。
淮南弟称号，刻玺于北方。
铠甲生虮虱，万姓以死亡。
白骨露于野，千里无鸡鸣。
生民百遗一，念之断人肠。

外，还有史籍中没有记载下来的众多中小型战役。三国时代又是一个瘟疫流行和自然灾害频发的时代，汉末三国之际的疫情断断续续持续了近两个世纪之久，给当时的经济、文化和思想信仰等多方面都带来了难以估量的影响。

足蹬弩施放图，出自山东武梁祠壁画，绘制于约汉桓帝时期。

三国时代是一个英雄辈出的时代。古人说：人才莫盛于三国。三国时期出现了第一流的政治家：曹操、孙权、刘备；第一流的谋士：曹操集团的荀彧、荀攸、郭嘉、程昱、贾诩等，刘备集团的诸葛亮、庞统、法正等，孙权集团的张昭、周瑜、鲁肃、吕蒙、陆逊等；第一流的战将：曹操集团的张辽、乐进、于禁、张郃、徐晃等，刘备集团的关羽、张飞、马超、黄忠、赵云、魏延等，孙权集团的程普、太史慈、甘宁、徐盛、凌统、黄盖等。他们活跃在三国时代的历史舞台上，往往棋逢对手、将遇良才，如诸葛亮对阵司马懿，姜维对阵邓艾。这些旷代雄杰，书写了无与伦比、辉煌壮丽的篇章，铸造了中国历史的辉煌。

三国时代是知识精英大放异彩的时代。时人以隋侯之珠、荆山之玉，形容当时文人学士才华如玉；以独步、鹰

3

扬、擅名、振藻、发迹、高视，赞叹他们的文章雄视天下。文学史上的第一个高峰"建安文学"就出现在这个时代。慷慨任气、磊落使才是建安文学最鲜明的时代特色，三曹（曹操、曹丕、曹植）和建安七子（孔融、陈琳、王粲、徐干、阮瑀、应玚、刘桢）用华丽壮大的语言表达出的哀怨、理想与抗争，成为时代的记录，也成为历史的印记。"魏晋风度"以风流放达、任性而行、蔑视权贵、惊世骇俗的生存方式，定格在中国历史的长河中，为一代代知识人所怀想、所歌咏。

三国时代是一个冲破旧格局、孕育新希望的时代。统一的中央政权解体，儒学独尊的局面发生变化，继百家争鸣之后思想最活跃的时代出现了，玄学勃兴、道教创立、佛教传播，各种理论、各种学派互争短长，激烈论辩，带来了思想的解放、人性的觉醒和社会风俗的改变，具有强大的震撼力。三国鼎立，带来了统治的多元化。统治中心的多元化倾向，也带来了积极的后果，它给除中原以外的其他地区，特别是边远地区的开发和经济发展带来了新的生机，缩小了中原地区同边远地区经济发展的差距。

 《三国志》的编撰

从东晋以后,尤其是隋唐以后,三国时代便成为学者文人和广大民众特别关注的一段历史。陈寿的《三国志》纪事起于184年(黄巾起义的那一年),止于280年(三国归晋的那一年),是系统记载这段历史的史书,在中国的史籍中具有很高的地位,与《史记》《汉书》《后汉书》一起被称为"前四史"。需要多说一句的是《后汉书》,《后汉书》由南朝宋史学家范晔在前人已有的史料基础上编撰而成,是记载东汉历史的纪传体史书,其中也包括了东汉末年的历史,与《三国志》有重叠的部分。两部书比较起来,按成书年代,《三国志》在《后汉书》之前;按史料的丰富程度,《后汉书》略胜一筹。当然,《后汉书》只记载了东汉末年的历史,《三国志》则记载了完整的汉末三国历史。有关汉末的历史,《后汉书》与《三国志》显然可以互相印证补允。

陈寿在晋武帝太康元年(280年)到太康六年(285年),完成了《三国志》的编撰,直到晋惠帝元康七年(297年)他去世以前才最后定稿。《三国志》的《魏书》《蜀

书》《吴书》原来是各自独立，直到北宋时才合刻为一书。据考证最晚在七世纪，《三国志》就传到了日本。日本现在还收藏有一部南宋时代刻的《吴书》，相当珍贵。陈寿的《三国志》，叙述史实有来历、讲证据，成书流传后得到了"质直""实录"的肯定。当时的著名文人学士，如张华、陆机等都纷纷赞扬此书。

陈寿叙事扬善而不掩饰缺点。陈寿对于魏晋之际的记述，因为时代近，政治上的压力大，隐讳更多。但在《三少帝纪》中，记魏晋禅代的事，他说"如汉魏故事"。这五个字的内容是包含了很多东西的，体现了他身为史家的坚持。陈寿对他所称赞的人，如对诸葛亮，在本传中用司马懿的话称他是"天下奇才"，又称他是"开诚心、布公道""赏罚分明、循名责实"的治世良才，但也没有故意遮蔽诸葛亮的失误和错误，他用纪实的手法叙述了街亭之败，在《刘封传》中记载诸葛亮为了维护蜀汉政权的稳定，借故杀了刘封（其实刘封罪不至死）。在探讨诸葛亮北伐不能成功时，他遗憾地说"应变将略非其所长"。陈寿在当时困难的条件下，把历史的真相记载下来，使我们既看到了历史人物的功绩又看到了他们的局限性，是秉笔直书的做法。

陈寿叙事简洁精要，又能用很少的笔墨点化出人物栩栩如生的风貌。如他在《吴书·周瑜鲁肃吕蒙传》记"借荆州"事，鲁肃劝孙权将荆州借与刘备，孙刘联盟共同抗曹，听到这个消息时，曹操正在"作书"，惊诧之余"落笔于

在《三国志》以前，还有鱼豢著《魏略》三十八卷，王沈著《魏书》四十八卷，韦昭著《吴书》二十五卷，杨戏著《季汉辅臣赞》。《三国志》以后，又有东晋孙盛著《魏氏春秋》、习凿齿著《汉晋春秋》等关于三国时代的史书，据金毓黻《中国史学史》的统计，大概有十五种。除《三国志》以外的三国史书大都没有流传下来，只有一些史料保存在裴松之给《三国志》作的注中。

地"。赤壁之战后,天下三分局面已经初露端倪,孙刘两家分离相攻,则有利于曹操;孙刘合作,则曹操就要面对长江流域两个强大的敌手,所以他才失态落笔。寥寥几笔的叙述,历史人物的情态跃然纸上,使后世读史者有身临其境之感。

《三国志》的注与裴松之

　　《三国志》成书后，也有批评的意见。一个意见是，《三国志》叙述历史过于简略，又没有"志"和"表"（《汉书》以后的纪传体史书，都由纪、表、志、传组成。缺了"志"和"表"，说明该书体例不完整）。为了弥补这个缺憾，南朝宋代的史学家裴松之为《三国志》作注，此后裴松之的注就与《三国志》合为一体，一起流传于世了。

　　裴松之广泛搜集史料，于南朝宋元嘉六年（429年）完成了为《三国志》作注的工作。裴注引书和史料达二百多种，其中许多史书已经散佚，我们今天已经看不到了，因此，从保留历史资料的角度看，裴松之注非常珍贵。裴松之注的字数几乎和《三国志》原书相近，据当代学者统计，陈寿《三国志》共三十六万六千余字，裴松之《三国志注》共三十二万二千余字，《三国志》原书比裴注多出四万余字。

　　我们在读《三国志》裴注的时候，还要特别注意，裴松之作为一个严谨的史学家，对所引证的史料是做了细密认真

> 裴松之（372年—451年），史学家，出身经学世家，生于东晋年间，卒于南朝刘宋年间。

> 过去有一种说法认为，裴注比陈寿原书的字数多得多，甚至权威的中华书局排印本《三国志》（陈乃乾校点）的《出版说明》也说"裴注多过陈寿本书数倍"，这是个以讹传讹的说法，应该纠正过来。

的考证辨析的。他并不热衷于用新的史料推翻《三国志》原有的记载；甚至对于自己引用的史料，他也不是无保留地相信的。

比如，关于后主刘禅的出生和经历，《三国志》中陈寿在《后主传》中载，后主于章武三年（即223年。章武是刘备年号）即位时为十七岁，这样可以推算出刘禅大约出生在汉献帝建安十二年（207年）的荆州。在赤壁之战前一年，这个记载可以与《蜀书·赵云传》中的有关记载对照来看，《赵云传》记载刘备兵败，与妻子和儿子失散，"赵云抱弱子，即后主也"，这就是"刘备摔孩子收买人心"故事的原型。而《魏略》中则记载了一个有关刘禅身世的传奇故事：刘禅出生在徐州小沛，刘备被曹操打败，刘禅当时才是个孩童，与刘备失散，被人掠卖，扶风人刘括买了刘禅，收为养子，为他娶妻，还生了一个孩子，后来辗转来到汉中。刘禅与刘备失散时，只隐约记得父亲字玄德。此后，刘备得到益州，其属下有一位简姓将军出使到汉中张鲁处，刘禅到馆驿，自称是刘备之子，简姓将军对刘禅的身世认定后呈报刘备，并请张鲁把刘禅送到益州，父子相认后，刘禅被立为太子。这个"王子与贫儿"版的传奇故事虽然有趣，但并不是事实。裴松之在《三国志》注中引用了这个故事，同时又经过考证指出这是《魏略》的"妄说"。

又如在《三国志·蜀书·诸葛亮传》记载"三顾茅庐"和"隆中对策"后，裴注引《魏略》，说刘备屯驻樊城时，

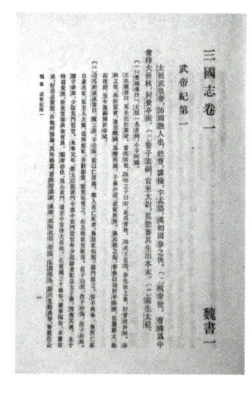

带有裴松之注的《魏书·武帝纪》

诸葛亮主动去见刘备，向其献策。裴松之辨析说：《出师表》里明白说刘备三顾诸葛亮于草庐之中，这种给皇帝的表奏是十分严肃的文件，诸葛亮不会杜撰三顾茅庐的故事。因此他说决非诸葛亮"北行见备""登门自荐"。

　　裴松之注很好地弥补了《三国志》记事简疏的缺陷，保存了珍贵史料，使《三国志》一书的价值大大提升。

《三国志》的历史观与陈寿其人

陈寿像

后人对于《三国志》的批评意见，一个是历史观念方面的，认为陈寿以魏为正统是错误的。但整部书通篇看下来，再结合历史背景，就能看到陈寿的坚持和用心良苦之处。

那么，《三国志》是以魏为正统的吗？答案是：是。陈寿撰写《三国志》历史，采用的是司马迁在撰写《史记》时所开创的纪传体。所谓纪传体，就是以人物为中心的史书体裁。《史记》中帝王的传记用的体例是"纪"，如"秦始皇本纪""高祖本纪"，诸侯的传记是"世家"，如"魏世家""赵世家"，其他将相大臣的是"传"，如"商君列传""白起王翦列传"。《汉书》沿用了《史记》的纪传体，但是取消了"世家"，帝王传记仍称"纪"，其他诸侯将相一律用"传"的体例。陈寿的《三国志》一共有五篇"纪"，分别是《魏书》的《武帝纪》《文帝纪》《明帝纪》《三少帝纪》《后妃纪》，而刘备和孙权的事迹分别记载在《先主传》和《吴主传》中；古时称天子死为崩，诸侯死为薨、殂，按身份各有不同称谓，尊卑有别，绝不能混淆。《三国志》写曹操、曹丕、曹睿之死，都说是"崩"，

11

写孙策、孙权之死，为"薨"，写刘备之死，则是"殂"，而刘禅之死是"薨"。从表面看陈寿的《三国志》只承认曹魏君主的帝王身份，是以魏为正统的。"正统"这个观念，传统史家看得很重，尤其是多个政权并立的时代，更是要争正统，正统也就是政权的合法性，陈寿是蜀人，却没有为蜀国（蜀国其实也是后世的说法，刘备建立的政权是"汉"，"蜀"是魏国对刘备政权的叫法）争个正统，这让后世尊刘抑曹的文人学者很是不平。要说清这个问题，我们还要了解陈寿其人和他所处的时代。

陈寿于蜀后主建兴十一年（233年）出生在巴西郡安汉县（今四川南充），这一年后主刘禅已经当了十一年皇帝了。陈寿两岁时，诸葛亮在汉中去世。陈寿的老师是蜀国的学者谯周，他和文立、李虔、罗宪并列为谯周的四大弟子。陈寿博闻强识，文思敏捷，文章写得很好，他还写过《益部耆旧传》十篇和《古国志》五十篇，可惜的是这两部书都亡佚了，今天我们已经看不到了。陈寿为人质直，不会曲意附和。他先后在蜀汉政权内做过卫将军主簿、东观秘书郎和散骑黄门侍郎，都是文官。宦官黄皓得势后，陈寿因为不肯同流合污，多年不被任用。蜀汉炎兴元年（263年）魏兵攻入益州，后主刘禅投降。蜀亡之后，曹魏政府把刘禅连同大批蜀汉大臣迁到京师洛阳，这其中就有三十一岁的陈寿。

二年后，司马炎代魏称帝，建立晋朝。泰始四年（268年），原来的蜀国大臣罗宪有机会向晋武帝推荐他认为应该得到聘用的蜀人,名单中就有陈寿。陈寿就这样再次入仕,举孝廉、为平阳侯相、任佐著作郎和著作郎。泰始十年(274年),陈寿编《诸葛亮集》二十篇,上奏朝廷。太康元年(280年),四十八岁的陈寿开始编撰《三国志》,这时晋已经完成统一,陈寿是晋朝的官员,而晋是由魏国禅代而来的,承认晋的正统,就必须承认魏的正统,这是意识形态的问题,丝毫不能含糊,陈寿别无选择。当然,陈寿对《三国志》也做了巧妙的处理,表面上以曹魏政权为正统,又将三国历史分别撰写、独自成书,而不是采用《晋书》的那种办法,只写一个《魏书》,将蜀、吴都以"载记"的形式附录其下,这是尊重三国鼎立的历史实际的做法,这已经是陈寿在当时的"历史天花板"下做出的最大努力了,后世对陈寿的批评有苛评古人的意味。

那么,陈寿对蜀汉没有感情、不"爱国"吗?答案是:否。陈寿在《三国志》隐晦地书写了自己的故国情怀。尊重故国君主的笔法,在《三国志》里还是看得到的。比如陈寿对孙权、孙皓,始终是称"权""皓",而对刘备、刘禅、却是称"先主""后主",刘备的夫人也叫"皇后"。他感怀故国,对蜀国的灭亡极度惋惜,《蜀志·姜维传》写到姜维那时正在剑阁与钟会对峙,等待后主的决定,最后等来的却是缴械投降的命令,姜维军队"将士咸怒,拔刀砍石",陈寿对故国的感怀,对灭国的痛惜,借将士的举动保留在历史的书写中。

曾经有一种说法:陈寿因为自己的父亲被诸葛亮处罚过,而怀恨在心,并贬低诸葛亮。此事已经有学者辩驳过,可以认定是无中生有。

《三国志》与《三国演义》

《三国演义》成书以前，三国故事已经流传了很久了。早在魏晋时期，在陈寿的《三国志》问世前后，就已出现了若干关于汉末三国的野史传说。如曹操"借头欺众"、诸葛亮"空城计"、"死诸葛走生仲达"等。这一时期的志怪小说也有不少三国逸闻故事，如《搜神记》中的"糜竺路遇火神""于吉祈雨"，《世说新语》中的"望梅止渴""管宁割席""曹植七步作诗"。从隋唐起，三国故事成为诗人创作的重要素材。如李白的《赤壁歌送别》，杜甫的《蜀相》《八阵图》，杜牧的《赤壁》，温庭筠的《过五丈原》等，都是名篇。宋代以后，随着城市经济的发展和市民阶层的扩大，各种通俗文艺都得到长足发展，出现了许多三国题材作品。元代的三国题材创作有了更大的发展，元杂剧中的三国戏相当丰富，我们今天知道的剧目就有将近六十种之多。元代许多著名的杂剧家，如关汉卿、王实甫等，都创作过三国戏。

罗贯中是三国故事的集大成者，他吸取《三国志》原文、《三国志》裴松之注、《后汉书》中的历史资料，以《资治通鉴》的编年体形式为历史框架，对长期流传的民间三国故事加以吸纳和改造，充分发挥自己的文学天赋，写成了影响深远的《三国演义》。可以说，很多人了解三国历史，不是通过《三国志》，而是通过《三国演义》。

不过，我们要知道《三国演义》不是历史书，一些脍炙人口的经典故事，并不是真实的历史事件，比如"桃园三结义""三英战吕布""借东风""空城计"等都是虚构的，而一些史书上有所记载的事件，经过作者的改造，已经与史实有了很大的距离了。

想要知道那些精彩动人的故事是怎样创造出来的，我们就要做个历史侦探，走到《三国志》和《三国演义》中去探个究竟。

《三国演义》中有的故事是基于史实，极尽夸张。比如《三国演义》有一回专门描写"八阵图"。"八阵图"在这里威力无穷，离奇神秘，是"诸葛亮点石成兵"的杰作，仿佛横空出世的天外来物。

诸葛亮的"八阵图"是由周围八个中阵及核心中阵编成的集团大方阵的作战阵式图，是诸葛亮对冷兵器战法的一大创造，也是一个多兵种合成战法。诸葛亮针对蜀军步兵多、弩兵多的特点，综合使用步兵、弩兵、车兵、骑兵等兵种，以矛、戟、刀、斧、弓、弩等兵器列阵作战。"八阵图"达

> 据学者余大吉先生考证，"八阵图"是从古代八阵发展起来的，诸葛亮之前已有八阵。孙子八阵的阵图著录在《汉书·艺文志》中，《孙膑兵法》中有"八阵"篇，东汉时，作战和训练中普遍使用八阵。陈寿说诸葛亮"推演兵法，作八阵图"，使用了"推演"一词，表明诸葛亮对古代八阵做了创新性的改造。

到了中国冷兵器时代集团方阵战法的一个高峰，后代凡是谈论阵法的人都尊崇它。

司马懿看到诸葛亮的八阵图后，赞不绝口，称为"天下奇才也"。蜀国灭亡后司马昭派亲信陈勰学习八阵战法，"八阵图"在西晋时被将领马隆运用，取得了以少胜多的奇效，马隆以三千士兵，依"八阵图"连车为营，打败了鲜卑大军。西晋统治者为了防止敌人学到"八阵图"，把它秘藏起来，史官不敢著录，陈寿编《诸葛亮集》时也不敢收录"八阵图"，到了东晋时绝大多数将领已经不再知道"八阵图"了。此后，"八阵图"在北方反而还流传了一段时间，据说隋朝大将韩擒虎、唐朝大将李靖都深通"八阵图"战法，"八阵图"还流传到了日本。由于兵家视"八阵图"为克敌制胜的独家秘笈，了解的兵家都据为己有，秘不示人，唐代以后就失传了。而罗贯中估计也是不知道"八阵图"的详情的，他可能是根据民间传说，加上自己的丰富想象，创造出了这个经典的"八阵图"故事。

在宏大战争场面的叙述上，《三国演义》的手法是大事不虚、小事不拘。例如对在历史上影响很大的赤壁之战，《三国志》因限于纪传体的体例，记载分散于与此事件相关的历史人物的传记中，分见于《魏书·武帝纪》《蜀书·先主传》《诸葛亮传》《吴书·吴主传》《周瑜传》《鲁肃传》，记载琐碎凌乱，有些记载还彼此矛盾。比如赤壁之战的交战方，《武帝纪》说是刘备，几乎不提孙权方面；《先

> 罗贯中为什么把八阵图放到蜀吴交界的鱼复县呢？原来这也有些历史的根据，据说东晋大将桓温在征伐途中，见到了鱼复县的"八阵图"遗迹，而属下的文武官员都已经不了解八阵战法了。

据学者研究，罗贯中的赤壁之战写得那样有真实感，那样栩栩如生，与罗贯中的亲身经历有关。历史上有名的大规模水上战争有赤壁之战，西晋灭孙吴之战，元末明初朱元璋与陈友谅、张士诚的水战，据学者推测，罗贯中可能曾经做过张士诚的谋士，对元末明初的大规模水上战争或者亲身经历，或者听人讲述，或者实地考察过，所以才把赤壁之战写得如此传神精彩，几百年来都能时时拨动读者的心弦。

主传》和《吴主传》则说是孙刘联军。对于战前各方的政治外交、军事决策，《蜀书·诸葛亮传》记载了诸葛亮出使江东，智激孙权，促成孙刘联盟建立的过程；《吴书·鲁肃传》记载了鲁肃建议孙刘联合，共拒曹操；《周瑜传》则记载了周瑜反对降曹，采纳黄盖之计，火烧曹军等事；对于曹军失败的原因，《武帝纪》说是因为疫病而退兵，裴松之注引《山阳公载记》说曹操的舰船被刘备所烧，曹操引兵从华容道退兵；《先主传》则说是孙刘联军与曹操战于赤壁，大破曹军并焚烧其战船；《吴主传》则记载孙刘联军在赤壁大败曹军，曹操焚烧了自己剩余的战船，退兵北还。读者从这些记载中很难了解赤壁之战的全貌。

《资治通鉴》综合各种材料，大致勾画出了事件的轮廓，但首尾不过三千余字。罗贯中在《三国演义》中却以长达八回的篇幅，完整描绘了赤壁之战的全过程，战争进程写得波澜壮阔、跌宕起伏，其中很多故事流传极广，几乎尽人皆知。如"舌战群儒""智激孙权""智激周瑜""群英会""蒋干盗书""草船借箭""苦肉计""庞统巧授连环计""横槊赋诗""借东风""火烧赤壁""华容放曹"等广为人知。这其中，"苦肉计"是对黄盖献"诈降计"的延展性想象，"智激孙权""火烧赤壁"两个情节大致于史有据，其他情节基本上属于虚构。

三国时期的夷陵之战是蜀吴之间的一次大战，决定了其后三国鼎立的历史走向。夷陵之战发生于蜀汉章武元年（221

年)到章武二年,其起因在于孙权袭取荆州、擒杀关羽而造成的孙刘交恶。《三国演义》从第八十一回"急兄仇张飞遇害,雪弟恨先主兴兵"到第八十四回"陆逊营烧七百里,孔明巧布八阵图",用了将近四回的篇幅绘声绘色地描述了这一重大战役。对于大的历史事件,如刘备从秭归走沿江陆路,"缘山截岭",兵出三峡,声势浩大,深入吴境五六百里,与吴军对峙半年以上,最后被名不见经传的陆逊火烧连营,大败而归的叙述大体符合历史。

但是我们仔细辨别之下,发现其中也有作者使用"乾坤挪移"手法虚构的情节。如作者以黄忠为此次战役的前部先锋,其实黄忠早在战争发动以前就离世了,他卒于建安二十五年(220年),也就是刘备伐蜀的前一年,怎么可能"为前部先锋"并且后来又战死沙场?

关于关公显圣的情节更是神乎其神,说关公在玉泉山显圣助自己的儿子关兴杀了吴将潘璋,可是潘璋并没有死于此战,而是卒于十三年后的嘉禾三年(234年)。

赵云杀吴将朱然的情节更加离谱,说赵云接应战败的刘备,大发神勇,顺带杀了东吴大将朱然,可惜又是作者的虚构,朱然死于吴赤乌十二年(249年),活了六十八岁,哪里会这么早被赵云杀死。

对于人物的塑造,《三国演义》惯用的手法是"移花接木"。比如在《三国演义》中,关羽的初露锋芒第一功是"温酒斩华雄",可惜历史上斩华雄的是孙坚,也就是孙权的父亲，不是关羽；在《三国演义》中，诸葛亮加入刘备集团指挥的第一次战役是"火烧博望坡"，可惜，这又错了，火烧博望坡的是刘备，当时诸葛亮还在隆中高卧；草船借箭的事确实发生过，不过主角是孙权，不是诸葛亮，而且是在赤壁之战以后；张飞鞭打督邮，写得很传神，张飞的性格呼之欲出，不过，这也是"刘冠张戴"，鞭打督邮的是刘备不是张飞。

鞭打督邮

罗贯中用这种给人物强行"加戏"的手法，成功地塑造了文学史上许多熠熠生辉的人物，如诸葛亮、刘备、关羽、张飞、赵云、孙权、周瑜、曹操，这些人物妇孺皆知，早就走入了我们的文化生活中。据沈伯俊先生统计，《三国演义》总共写了一千二百多个人物。这里边，赵云艺术形象的塑造值得一说。

赵云在《蜀书·关张马黄赵》的五人合传中叨陪末座，本传中记述其事迹的文字只有四百二十余字，加上裴松之注引的《云别传》，也才一千余字，而在《三国演义》中赵云从第七回出场到九十七回去世，共跨距九十一回，超过了关羽的跨距七十七回和张飞的跨距八十一回。

在《三国演义》的亿万读者心目中，最令人喜爱的人物，除了诸葛亮之外，就要算赵云了。赵云在《三国演义》中名列"五虎上将"第三名，作家金庸先生曾说过："《三国演义》人物中我最喜欢的是赵云，我一直觉得他远远胜过了关羽、张飞。他在长坂坡曹军中七进七出，勇不可挡，比之关公斩颜良、诛文丑、过五关斩六将难得多，也精彩得多。"日本的《三国演义》爱好者在评选"你最喜爱的三国人物"时，也把赵云排在第二位。在民间，人们对赵云更是推崇备至，在武力评价体系中有"一吕二赵三典韦，四关五马六张飞，七黄八许九姜维"的说法，类似的说法还有"一吕二赵三典韦，四关五马六张飞，黄许孙太两夏侯，二张徐庞甘周魏"，不管哪种说法，赵云的武功都是一人之下万人之上。可是，史籍的记载并不支持这些说法。

　　首先，历史上并没有"五虎上将"这一说，赵云终其一生的职务和爵位不仅低于关羽、张飞、马超、黄忠，而且还低于魏延；至于武功，陈寿在《三国志》评价关羽、张飞时说"皆称万人敌，为世虎臣"，评价黄忠、赵云时说"强挚壮猛，并作爪牙"，显然，无论武功、军功、职务，赵云和

赵云在长坂坡救阿斗

关、张二将还不是一个层次。

如果说，罗贯中对于赵云形象的塑造，还大体尊重了历史的逻辑，那么，在诸葛亮形象的塑造上就有些用力过度，适得其反了。诸葛亮在历史上地位很高，陈寿用了很大的篇幅记载他一生的事迹，不过，诸葛亮一生最大的成就是治国，作为一个优秀的军事家，他过人的地方在于战略谋划、练兵布阵，对于谋略，时人称为"奇谋为短"。而在《三国演义》中，恰恰强调了诸葛亮的"奇谋"，诸葛亮能掐会算，呼风唤雨，打仗靠锦囊妙计，正如鲁迅先生所说"状诸葛多智而近妖"。如为了塑造诸葛亮的相人之术，《三国演义》中安排了诸葛亮一见魏延就断定他"脑后有反骨"。纵观蜀汉历史，魏延是一名猛将，后来他也并未蓄意谋反，而是与杨仪有矛盾，他的被杀是冤枉的。可是在《三国演义》中，尽管魏延并无二心，诸葛亮却一直想除掉他。诸葛亮曾在上方谷埋下地雷、布下干柴，命魏延将司马懿父子诱入谷中，又叫马岱垒断谷口，企图将他们全部烧死。幸而当时天降大雨，司马懿父子得以逃出，魏延也得以侥幸逃生。要按照这个描述，诸葛亮岂不成了心术不正、坑害部下的小人，这是个败笔。

值得注意的是，对于诸葛亮的这种过度夸张的描写不仅影响到了一般读者，而且影响到了一些学者。一些学者受到《三国演义》的影响，假定诸葛亮具有神鬼莫测的预知未来的能力，做出了在荆州之战中，诸葛亮故意让关羽失败而不去救援的结论，认为这是诸葛亮的谋略，原因是关羽桀骜不驯，又不赞成"连吴抗曹"的外交战略，所以诸葛亮不去救援关羽坐看其败死，这是将文学人物与历史人物混同的结果，是曲解历史。

罗贯中善于描述战争场面，"赤壁之战""夷陵之战"都很精彩，但是他关于陆战中"斗阵"的描写，却不是历史的真实情况。《三国演义》描写战争过程，尤其是陆战，一般是两军主将对阵，决出胜负之后，大军再接战，这个写法远离了历史的实际，可能是受到"三国戏"的影响，戏剧舞台上空间狭小，只能"螺蛳壳里做道场"，只能用"斗阵"或"斗将"来表现战争场面，战争双方主将比试武功，双方跑龙套的小卒两旁观看，待决出胜负，再一拥而上，显示两军混战的局面。《三国志》描述关羽、张飞、黄忠、赵云、魏延都是率军冲锋，描述陆逊、诸葛亮，则着重描写他们战争谋划的能力，绝无"斗阵""斗将"之说。战争是综合实力的较量，除了主帅的能力之外，综合经济实力、士兵的训练水平、后勤保障，都是决定战争胜负的关键因素，诸葛亮北伐多次因粮食不继而退兵，就是明证。

《三国演义》是历史演义小说，融合了作者的激情和主观想象，《三国志》是历史著作，历史的本质是"求真"，它需要冷静地分析历史资料，做出基本客观的叙述。所以，我们不要把文学创作与历史真实混同起来。

东汉的终结者——读《魏书》，说曹魏

东汉的统治延续近二百年，是中国历史上统一和强盛的朝代，在此时期，广大士人和民众形成了以东汉王朝为核心的国家认同，和以"大汉"为荣的国家自豪感、归属感。到了东汉末期，尽管政治腐败、王朝统治接近解体，但中央政权仍然有深厚的社会基础，割据争霸的诸侯不敢轻易称帝，因为称帝者必然成为众矢之的，招致失败。曹操尽管控制中央政权达二十五年之久，始终不敢称帝，只是把"皇袍当衬衣穿"。曹操死后，汉朝的人心涣散得差不多了，才由曹操的儿子曹丕取代了汉献帝建立了魏国。

# 中原争霸

黄巾大起义使整个东汉王朝处于风雨飘摇之中，同时也拉开了汉末三国近百年历史的大幕。在这个激荡起伏的大时代中，我们熟悉的三国人物，如董卓、袁绍、曹操、刘备、孙权、关羽、诸葛亮等纷纷走入历史舞台。从黄巾起义到曹魏建国的历史属于汉末时代，但习惯上把汉末和三国鼎立时代一起称为"三国时代"，《三国演义》用八十回的篇幅演绎了这段历史，《三国志》的叙事也是从东汉末年开始。《三国志》分为《魏书》《蜀书》《吴书》三部分，《魏书》既记载了魏国的历史，也记载了魏国建立之前的东汉末年的历史。

大瘟疫、大贤良师和黄巾大起义

东汉开国皇帝刘秀和他的功臣集团，几乎都是商人和地主，东汉一朝豪强地主的势力达到空前膨胀的程度。这种官僚、地主、商人三位一体的豪强在政府的支持下使商业资本恶性膨胀，财富高度集中，出现了许多"资财亿计"的大

> 屋漏偏逢连阴雨，东汉中期至三国时期，中国进入了瘟疫频繁流行时期，在这一百五十年间有三十二个年份有疫情出现，平均不到五年出现一次，灵帝时期和其后的献帝时期，瘟疫暴发最为频繁。

> 位于今河北邢台巨鹿一带的大陆泽，现在已经干涸。在东汉时是衔山吞水、浩渺如海的华北平原最大的湖泊。

富豪。这些富豪利用手中的权力和财富，大肆购买、强占土地，数以万计的农民被迫背井离乡，成为流民。这种深重的社会矛盾，在灵帝在位时期更加突出。

汉灵帝光和二年（179年），一场瘟疫席卷中原，黄河北面的冀州是重灾区，百姓饥寒交加，死亡无数。大量生活无着的流民百姓四处奔波，食物、用水、卫生等都得不到保障，身体素质下降，染病风险增加。随着染病者的流动，又会把病原带给当地的人民，造成的后果往往触目惊心。

朝廷照例派遣官员带着药品到各地抚慰，可是这个象征性的抚慰，杯水车薪、无济于事。

东汉时的医疗技术水平还很低，对传染病的认识不足，大家不知道该怎么对付这从天而降的灾祸，人们普遍陷入了巨大的心理恐慌之中。对现实束手无策，人们于是就去寻找神秘的力量，以求获得心理和精神寄托，这时一位大师级的人物应运而生了。

在一千八百多年前的那个瘟疫蔓延的春天，成千上万的百姓扶老携幼从四方汇聚到大陆泽，接受一位法师的诊治。

法师自称是"太平道"的"大贤良师"，治病的良方简单而神秘：病人只要跪拜忏悔，服下法师亲手制作的符水，即可病除。治疗效果如何，史籍没有明确记载，不过可想而知，与其说这是治病，不如说是安慰更加贴切。处于传染病流行恐惧中的民众可不管那么多，他们仿佛看到了隧道尽头的一束光，争先恐后聚集到法师门下，其中不仅有劳苦大众，也有官员，甚至还有宦官。许多人不惜变卖家产，千里迢迢争先恐后投奔而来，沿途挤得水泄不通，据说半途被踩死的就有一万多人。这位法师就是原始宗教的教主、农民起义领袖张角。

张角不满足只当一个解决心理问题的"咨询师"，他要当一个开宗立派的宗师、一个理想社会的总设计师、一个改朝换代的开国君主。

太平道

张角究竟是什么人，历来有各种说法，传统说法认为他是贫苦农民。《三国演义》的说法更离谱：张角本是个不第秀才，因某天进山采药遇南华老仙，老仙赐其天书三卷，名为《太平要术》，于是得道成仙，当了教主。"不第秀才"的说法，是宋明以后的事，《三国演义》的说法一看就是文学家的虚构，不足为信。东晋的道教理论家葛洪认为，张角不仅不是出身底层的农民，而且是富甲一方的大土豪。从张角的政治动员力和组织能力来看，他确实有可能是一位雄心勃勃的豪强地主。

他为信众描摹了理想社会的图景，这个社会是一个没有皇帝和官吏、人人平等、各取所需的"太平世界"，是一个政教合一的政权。

对于苦难深重的东汉百姓来说，彼岸的世界一时间成了他们最后的希望。

随着信众的增多，张角开始进行推翻东汉政权、建立理想社会的行动。张角的核心团队是兄弟三人，他的弟弟张梁和张宝是他身边的"哼哈"二将。他们按照军事化组织模式，把全国各地的太平道徒众分为三十六方，大方一万多人，小方六七千人，每方设立一名首领，号令部众。他们在民间传播一首歌谣，同时也是他们的政治口号："苍天已死，黄天当立，岁在甲子，天下大吉。""苍天"，代表东汉政权；"黄天"，代表太平道理想社会；"甲子"是甲子年，即汉灵帝中平元年（公元184年，也是汉灵帝光和七年，农历甲子年）。这个歌谣很快家喻户晓，甚至都城洛阳也出现了白土书写的"甲子"。

就在太平道紧锣密鼓地部署暴动的时候，突然发生了一件意想不到的事情！184年正月，在张角举事之前，曾派唐周前往洛阳联络朝中的宦官做内应，不料唐周竟径自赴宫中告发张角造反之事，黄巾骨干马元义等人因此被杀。张角不得已，只好提前举事。

中国历史上著名的黄巾大起义就此爆发。张角自称"天公将军"，张宝称"地公将军"，张梁称"人公将军"。从黄河两岸到江淮腹地，到处都是裹着黄色头巾的起义军。他们占领城池，捕杀官吏，焚烧官署，延续了近两百年的东汉政权如天崩地裂般剧烈动荡起来，时人记录下来当时的动乱"八州并发，流血成川"。

汉灵帝紧急召开御前会议，商讨对策。何皇后的兄长外戚何进被任命为大将军，统率所有的京畿卫戍部队。在京师洛阳的周围设置函谷、太谷、广成、伊阙、镮（huán）辕、旋门、孟津、小平津八个关隘，防止黄巾势力进入，并派出卢植讨伐张角的黄巾主力，派出皇甫嵩、朱儁讨伐南方的颍川黄巾军。同时，鼓励地方官府、豪强地主招募武勇，协助官军剿灭黄巾军。

黄巾军虽然人多势众，动辄数十万人，但是其中非战斗人员很多，有很多老人、儿童、妇女，战斗力不强。而且事起仓促，没能完成集结部署，势力分散。而官军虽然数量不到十万人，但是都属于精锐部队，训练有素，战斗力很强，豪强大族又纷纷起兵，黄巾军很快处于劣势。在战事最为紧张的时候，张角病故，黄巾军士气受到重挫。"人公将军"张梁成为新的统帅。十月，南线官军在皇甫嵩的统领下加入北方战场，黄巾军陷入颓势。十月底，黄巾军与官军在广宗（今河北威县东）展开决战，张梁及三万黄巾军将士战死，另有五万人兵败后投河，河水为之断流。十一月，"地公将军"张宝在下曲阳战败，张宝及徒众十余万被杀。官军对病死的张角也不放过，他们将张角剖棺戮尸，割下头颅，

> 东汉建国后，光武帝刘秀定都洛阳，并改洛阳为雒阳。曹魏建国后，再变雒阳为洛阳。本书中为行文方便，一律写作洛阳。

送到京师洛阳示众。轰轰烈烈的黄巾大起义失败了。

然而张角之死并不意味着这场动荡的终结。张角184年刚死，185年又出了个张牛角，以太平道的名义聚众起事，各地大大小小的起义民变此起彼落、不可胜数，直到汉献帝初平三年（192年），曹操收编了青州黄巾军主力后，大规模的黄巾军起义才算被平定。但一些零散的小规模黄巾军武装持续抵抗，直到东汉灭亡。为镇压黄巾起义，朝廷不得不给地方政权和豪强地主更大的权力，导致群雄并起局面的出现，后世人熟知的三国英雄，如曹操、刘备、孙坚都是此时横刀跃马、冲杀上历史舞台的。

外戚与宦官的最后一次决斗

黄巾大起义虽然失败，却影响深远。为了镇压起义，加强京师防卫，中平五年（188年），灵帝建立了西园八校尉。日后威名赫赫的袁绍和曹操都是八校尉的成员，袁绍担任中军校尉，曹操担任典军校尉，大宦官蹇硕担任上军校尉，统一领导八校尉。

这年十月，青州、徐州的黄巾再度起事，攻陷郡县，一时天下震动。有望气者说黄巾起义将会蔓延到京师，宫廷之内将有血光之灾。

这回灵帝不敢掉以轻心，他在京师举行阅兵大典，借以安定人心，威慑天下。阅兵这天，来自四方的精锐部队集结在京郊平乐观，平乐观建起了高十余丈的阅兵台。灵帝检阅

> 望气：根据云彩的色彩、形状和变化来附会人事、预言吉凶的一种占卜法。

受阅部队，一时间，精甲耀日、喊声震天，十分威武。灵帝大喜，自封为"无上将军"。

阅兵后仅半年，这位威风凛凛的"无上将军"生命也走到了尽头，中平六年（189年）四月，灵帝驾崩于南宫嘉德殿，享年三十四岁，在位二十二年。

灵帝有两个儿子，长子刘辩，为何皇后之子；次子刘协，为王美人之子，王美人已被何皇后毒杀，刘协由灵帝生母董太后抚养。汉灵帝认为刘辩愚钝、轻佻、无威仪，想立刘协为太子，但外戚何氏羽翼已成，正在犹豫不决中，灵帝突患重病，内外形势已容不得他从容部署，于是他把刘协托付给宦官蹇硕。灵帝生前的遗命，为东汉末年外戚与宦官最后一次大决斗埋下了导火索。

灵帝刚刚去世，尸骨未寒，蹇硕就密谋诛杀何进，假称要与何进商议朝政，准备将何进骗进宫中。但是蹇硕不知道自己的身边有何进的卧底。何进即将进宫，蹇硕部下潘隐赶上前去，用目光暗示何进进宫有危险，何进匆忙逃离躲过一劫。蹇硕谋杀何进不成，少帝刘辩顺利即位。蹇硕不甘心失败，再与宦官赵忠商议除掉何进，赵忠却将密谋告知了何进，何进于是诛杀了蹇硕，并掌握了蹇硕统领的中央禁军。

诛杀了蹇硕，何进又顺手清洗了外戚的另一支力量——董氏外戚。董太后是灵帝生母，董重是董太后的侄子，时任骠骑将军。何进举兵围董重官邸，董重自杀，董太后暴崩。

除掉了蹇硕和外戚董氏，大将军何进在朝野上下一时威势无双。这时，世家大族的代表人物袁绍就怂恿何进趁机全面清除宫廷内的宦官势力。

何进将准备清洗宦官势力的密谋告诉了妹妹何太后和弟弟车骑将军何苗，不料遭到何太后和何苗的激烈反对。为何如此呢？因为何氏家族与宦官势力有着盘根错节的联系。何氏外戚在东汉外戚群体中比较另类，东汉外戚多为功臣之后或世家大族，而何氏却是屠户出身，属于社会的草根阶层，在东汉极为重视出身家世的背景下，何氏的起家非常不利，他们是靠着宦官的加持才飞黄腾达的，何太后的妹妹就是大宦官张让养子的妻子。当年何皇后害死王美人后，灵帝大怒，要对何氏治罪，也是靠着宦官的鼎力支持，何氏才涉险过关。

既然宦官有恩于何氏，那么何进为何要处心积虑地清除宦官势力呢？难道单单是受了袁绍的诱惑吗？历史并非如此简单。东汉末年，宦官势力已经成为黑暗势力的总代表，尤其是黄巾大起义之后，朝野上下都将动乱的根源指向了宫廷内的宦官，就连袒护宦官的灵帝都曾质问宦官：你们一直说朝政败坏的根源在于党人，为什么党人不和黄巾勾结，却有宦官加入了黄巾呢？朝廷的大臣更是将导致黄巾起义的根源归结于宦官集团纵容父兄亲族，卖官鬻爵、危害地方、侵扰百姓，导致百姓求告无门，纷纷加入了黄巾。宦官集团也确实一手遮天，把持朝政，引起了众怒。比如，在镇压黄巾起义中立下大功的卢植，就是因为不肯贿赂宦官，竟然在军中被装进囚车送回京师问罪。

宦官集团的倒行逆施引起朝野上下一致反对，何进要想稳固地掌握政权，就必须抓起反对宦官的旗帜，这是形势所迫，不得不然。

但何进并非能谋善断的统帅人才，由于何氏家族反对，何进在剪除宦官一事上犹犹豫豫、无法决断。

清除宦官一事既然何氏家族内部的人已经知道，就难保不被宦官知晓。力主清除宦官的袁绍害怕剪除宦官不成反而引火烧身，因而极力主张征召四方猛将进京，以清君侧的名义胁迫何太后同意清除宦官。主簿（相当于秘书长）陈琳反对说：如今大将军大权独揽，若要决策诛除宦官，易如反掌，当机立断就行了。若征召外兵入京，"大军聚会，强者为雄"，局面很可能失控。曹操听到这个计谋笑着说："剪除宦官势力，只需诛杀首恶，为何要把宦官斩尽杀绝呢？何况，诛杀宦官，一狱吏足矣，何必召外兵入京呢？"可是，这些话何进统统听不进去，他匆忙下命令征召天下猛将入京，当时就有担任并州牧的董卓和担任并州刺史的丁原，先后率兵上道，一路浩浩荡荡开往京城。

东汉画像石中的军队行进场景。

董卓在路上上书朝廷指斥宦官张让等贪权误国，要以清君侧的名义诛杀宦官。但何太后不准，局势遂处于胶着之中。何进弟弟何苗向何进进言："宦官有恩于何氏，我们应该与宦官和解。"这时，何进又犹豫了，他派遣大臣阻止董卓进京，董卓于是撤军到夕阳亭。

袁绍听说何进要与宦官和解，大惊，说这样我们恐怕迟早会被宦官杀掉。何进不得已，又听了袁绍的话，任命袁绍为司隶校尉，掌管司法监察大权，又命董卓上书朝廷，以进兵平乐观为名，胁迫何太后。这回轮到何太后害怕了，她将在省中掌管侍卫大权的宦官尽数免职，换上了何进的人进宫侍卫，宦官们到何进面前谢罪求饶，袁绍让何进就势将宦官尽数诛杀，何进却再度犹豫，不能决断。外戚和世家大族联合反对宦官的斗争至此仿佛已占了上风，宦官势力即将瓦解。

不过，宦官又找到了大翻盘的机会。他们通过何太后的妹妹进宫向何太后求情，何太后见宦官们跪倒在地，哭诉求饶，又想到了宦官的恩情，于是再将宦官复职，仍令宦官在省中侍卫。

宦官势力死灰复燃，何进才真正下定决心。他到省中见何太后，密奏将宦官全部诛杀，宦官在门外听到了何进的密谋，于是手持兵刃，挟持了何进，在数说了何进种种忘恩负义的行为后，尚方监渠穆拔剑将何进斩于嘉德殿前，并砍下何进的头颅扔出宫门外。

> 我们这里提到的"省"与现在的河北省、河南省的"省"不是一个概念，秦汉时的"省"是宫禁的意思，"省中"原称"禁中"，王莽当政时，为避汉元帝王皇后父亲王禁的讳，改称"省中"。"省中"是比"宫中"警卫更加严格的地方。东汉宫省制度规定，不论是朝廷大臣还是外戚亲贵，进入省中都要解除武装，屏去随从，只身入内；而宦官却统领着宿卫武装。所以，何进一进省中就被宦官控制并杀害了。

得知何进被杀，袁绍和袁术以及何进部下杀进宫内，疑心何进弟弟何苗与宦官合谋，先杀了何苗。杀进宫中的兵士不分青红皂白，见到没有胡须的男人举刀便砍，一些没有胡须的男人赶紧脱掉下衣，证明自己不是宦官。顿时，昔日庄严肃穆的宫廷大内，只杀得人头滚滚，血流如注，大宦官赵忠被杀，另一宦官张让裹挟着皇帝刘辩和陈留王刘协向

何进进宫

城外逃去。

在这场大混战中，在东汉历史上掌控朝政的外戚集团和宦官集团同时覆灭，只剩下羽翼全无的何太后，瑟瑟发抖地躲在深宫中等待命运的最后裁决。

董卓进京，大动荡时代来临

中平六年（189年）年八月，董卓奉召率领军队入京，到达洛阳西郊的显阳苑，远远看到洛阳方向火光四起，情知朝廷有变，因而挥兵疾进，黎明时刻，与逃难的皇帝及公卿大臣在洛阳以北的北邙山会合。此时，另一位宦官巨头张让已在大臣的威逼中投河自尽。董卓进京是为了协助何进清除宦官集团，而宦官集团已经覆灭，大臣以皇帝口诏的名义令董卓退兵。猛虎已经出柙，董卓怎肯听从手无寸兵的大臣的命令，他反而厉声指斥："大臣误国，导致国家遭难，何退兵之有！"董卓继而拜见了少帝刘辩，刘辩看到董卓面貌凶恶，情急之下词不达意，董卓大为不满。转而，董卓又向年仅九岁的陈留王刘协询问情况，刘协神色镇定，把宫中变乱的情况说得很清楚，董卓此时就有了废黜少帝刘辩、改立陈留王刘协为帝的念头。

董卓进京，见到了袁绍等大臣，鲍信觉察到董卓的野心，劝袁绍趁董卓立足未稳，先下手为强，杀了董卓，袁绍不能当机立断，未采纳鲍信的建议。

董卓带来的凉州军只有三千人，当时洛阳城内还有丁原

> 董卓，陇西临洮人。临洮位于现在甘肃省中部，东汉时这里属于凉州的范围。凉州地处边陲，与匈奴、氐、羌等北方民族相邻，战争频繁，当地民风尚武，连妇女也能操戈射箭、上阵拼杀。历史上有说法，认为董卓是"羌胡之种"，很可能他的母亲出自氐、羌。董卓自幼任侠好武，力大无穷，能同时使用两套弓箭，左右驰射，他为人豪爽，很能笼络人，在当地知名度很高，为"羌胡"所畏服。

带来的并州军,也是一支劲旅,另外还有原来何进和袁绍手下的禁卫军,区区三千人显然不足以控制局面。为了震慑其他部队、营造凉州军人马众多的假象,董卓玩了一招无中生有、虚张声势的计谋。他连续四五日都让部队在夜里偷偷离开军营,第二天一早再大张旗鼓地开进城内。此举让洛阳城内的大臣百姓以为凉州军在源源不断开进,只有三千人的凉州军搞出了数万人的声势。

接着,董卓就打起了丁原带来的并州军的主意。董卓通过策反丁原手下亲信将领吕布,杀死了丁原,成功地掌握了并州军。

此后,董卓趁热打铁,接管了何进、何苗兄弟遗留下的军队部曲,至此,董卓凭借军队的实力,已经成为左右政局的关键人物。

要掌握政局,还必须控制皇帝。少帝刘辩的母亲何太后还在,如果少帝继续坐在皇帝的宝座上,何太后的合法地位就不可动摇,所以,董卓必然要废掉少帝,这其实和少帝刘辩与陈留王刘协谁更聪明睿智没有关系。废立皇帝,这在传统社会是惊天动地的大事,两汉四百年,废立皇帝的事也只有霍光干过。董卓的提议自然遭到了大臣的反对,反对最激烈的是袁绍。袁绍出身世家大族,董卓暂时不敢加害,但袁绍也不敢再留在京城,于是他将司隶校尉的官印挂在上东门,逃奔冀州而去。

这年九月,董卓大会群臣,声称要效法霍光废掉少帝,

> 关于董卓怎样诱使吕布反水,史籍上并没有明确的记载。《三国演义》中有关李肃以赤兔马和金珠宝物为诱饵,诱使吕布反水的情节,出自小说家的想象,于史无据。

改立陈留王刘协，尚书卢植反对，董卓大怒要杀卢植，大臣劝谏："卢尚书是海内大儒，影响太大，今天杀了他，恐怕天下震动。"董卓只好先将卢植免官，卢植避居上谷（郡治在今河北省怀来）。董卓再与太傅袁隗（袁绍的叔叔）商议，袁隗默许了董卓的动议，于是，董卓废少帝为弘农王（被废黜一年之后，刘辩被逼自尽，时年十五岁，其弟献帝追谥他为怀王），又毒死何太后。董卓立陈留王刘协为帝，这就是历史上有名的汉献帝，董卓自封为相国。两汉历史上只有两位相国，除了董卓，另一位是西汉开国元勋萧何，可见此时董卓权势之大。

为了将自己打扮成反对宦官集团的功臣，董卓又把与宦官关系密切的何苗剖棺戮尸，杀掉了何苗的母亲舞阳君，将尸首弃于道路，昭示朝野。

虽然董卓通过高压手段暂时掌控了政权，但是如果没有世家大族的支持，他的政权就没法稳定下来。董卓通过为世家大族中受打压的"党人"平反昭雪的方式，表达与世家大族合作的诚意。在董卓与世家大族之间穿针引线的是尚书周毖和城门校尉伍琼，他们劝说董卓任用天下名士以收众望，董卓听了他们的话，先后任用天下名士荀爽、陈纪、蔡邕等为官。

而董卓带来的凉州军的亲信，并没有人做高官，只是中级军官而已。对于已经逃亡的袁绍，董卓最初试图捉拿归案，周毖和伍琼劝他说：袁氏树恩四世，门生党羽遍布天

> 荀爽在《三国演义》里没什么戏份，但在历史上却大大有名，因为他创造了一个"光速升官"的纪录。他从布衣入仕为平原相，上任的路上升迁为光禄勋（汉代九卿之一），光禄勋当了三天又升迁为三公之一的司空。从布衣入仕到任职司空，仅仅用了九十三天，堪称奇迹。

下,如果他登高一呼,恐怕关东(函谷关以东)将乱,不如赦免他,任命他做个郡守。董卓听了他们的建议,任命袁绍为渤海太守(今河北沧州一带),又任命袁绍异母弟袁术为后将军、曹操为骁骑校尉。

董卓虽然表现出了与世家大族合作的诚意,但他为政残暴、性情粗野,引起了朝野上下一致的反对。他杀良冒功、纵兵劫掠,甚至大规模屠杀参加社日活动的普通百姓,把男子的头砍下挂在车轴上,抢走妇女和财物,竟然声称打败了敌军,与其同时代的著名才女蔡文姬曾写诗记录这可怕的一幕:"卓众来东下,金甲耀日光。平土人脆弱,来兵皆胡羌。猎野围城邑,所向悉破亡。斩截无孑遗,尸骸相撑拒。马边悬男头,马后载妇女。"对此,《三国志》的作者陈寿评价,董卓凶狠残暴到前无古人的程度,"自书契已来,殆未之有也"。

初平元年(190年),关东州郡起兵讨伐董卓,公推袁绍为盟主。恼怒之下,董卓杀太傅袁隗、太仆袁基及其家属五十余人,连婴儿都不放过。

关东起兵后,董卓认为洛阳靠近东方前线,不如长安安全,而且凉州军的基础在西方,因此董卓决定迁都长安。迁都前,董卓将洛阳的富有人家治罪,没收了他们的财物,并驱赶数百万人随皇室西迁,又放火焚烧方圆百里的宫室、宗庙、府库、民家,然后趁火打劫,劫掠钱财,导致"无辜而死者,不可胜计"。他还铸造劣币,制造通货膨胀,掠夺民间财富，跟前面的诸多暴行相比，虽然没那么血腥，但也堪称杀人不见血。

董卓对文化事业的摧残更令人发指。经过两汉近四百年的发展，积累了大量的典籍档案，这些典籍档案有很多是写在珍贵的丝织物上的，大的典籍打开后足有一个帐篷大，董卓的士兵大多不识字，他们把珍贵的典籍当作行军的帐篷，还有许多珍贵的典籍和档案被随意丢弃和烧毁，中国古代的文化事业遭受了空前的浩劫。

迁都长安后，董卓自以为回到了自家的根据地，更加肆无忌惮，他的兄弟子侄、宗族亲友布满朝廷，妻妾怀抱中的婴儿都被封侯，他滥行诛杀，进行恐怖统治。董卓还将黄金

清刻本《三国演义》插图，左为"董卓火烧长乐宫"；右为"虎牢关三战吕布"。

辎车青龙画像石（东汉）。辎车是载重运输物资的车辆。

二三万斤、银八九万斤和不计其数的珍宝、大量的粮食储存在郿坞中，说："事业成功，我将雄踞天下；事业不成，我就退回郿坞养老。"其政治格局之低下，有如盗贼。更令朝廷重臣担心的是，董卓盗用天子朝仪，其颠覆东汉王权的野心已呼之欲出。

忠于东汉王朝的大臣司徒王允等密谋除掉董卓。为了接近防卫森严的董卓，王允又把目光锁定了吕布。吕布投靠董卓以后，很得信任，两人情同父子，董卓常以吕布为贴身侍卫。但董卓性情粗野无礼，喜怒无常，一次吕布有小过失，董卓竟然用手戟投掷吕布，幸亏吕布身手敏捷躲过了。吕布因为经常随侍在董卓身边，因而有机会与董卓的侍妾接触。据史书上说，吕布喜欢上了董卓身边的一位漂亮侍妾，两人有了不正当关系，怕董卓知晓，吕布常惴惴不安。

另外，吕布属于并州军，他与董卓的基本力量凉州军的将领纠纷不断、矛盾很深。这些情况，都被王允探知，他见到吕布，晓以利害，又成功地将吕布策反到反董卓阵营。

这位侍妾在史书上并没有留下姓名。《三国演义》根据这段记载，铺陈演义出了"吕布戏貂蝉"的故事。

初平三年（192年）四月，献帝大病初愈，在未央宫大会群臣。王允、吕布事先做了周密安排，令骑都尉李肃带领十余人穿上董卓卫兵的服装埋伏在北掖门，伺机动手。董卓入北掖门，李肃持戟刺董卓，董卓被刺伤手臂摔下车来，但因内穿护甲，并未致命，董卓大呼："吕布何在？"吕布称："有诏讨贼臣！"并持戟刺向董卓，士卒一拥而上，杀死董卓。

董卓被杀后，百姓歌舞于道，相聚而庆。

诛杀董卓

董卓死了，凉州军还在，怎么安抚控制这支战力强大的军队，就成了当务之急。吕布因与凉州军团积怨很深，又出手杀了董卓，因此，极力主张将凉州军将领尽行杀戮，王允不同意，他想赦免凉州军将领，但也没有实施。在如何对待凉州军上，朝廷不做决定，民间谣言自起，有谣言称："朝廷要将凉州人斩尽杀绝。"董卓手下的李傕、郭汜请求王允赦免他们，但王允以"一岁不再赦（一年之内不能发布两次赦免令）"为由拒绝了，李傕、郭汜想弃军逃走，他们手下的谋士贾诩说："你们离开了军队逃到民间去，一位亭长就可以抓获你们，不如反到长安去，为董卓报仇，失败了再逃不晚。"于是，李郭二人听了贾诩的话，带兵攻陷长安，王允被杀，吕布领了数百人，将董卓头颅系在马鞍上匆匆向东逃去。

攻陷长安后，李傕、郭汜二人不久即反目成仇、互相厮杀起来，李傕劫持了献帝，郭汜劫持了公卿大臣，双方军队连年混战，原本富庶的关中地区成了虎狼出没的无人区，史籍中用一句极其沉痛的话描绘了这人间地狱般的惨状："人相食啖，白骨委积，臭秽满路。"

兴平二年（195年），献帝逃出长安，再次走上了逃难之路。走到安邑（今山西夏县），献帝临时住在民房里，群臣朝见皇帝议事，就在院落之中。士兵围在篱笆外看风景，哄闹嬉戏，有的将领竟然找皇帝饮酒，堂堂大汉天子尊严体面全无。此时，东汉中央政权形同解体，关中动荡，边疆动荡，黄巾军余部的起义此起彼落，以讨伐董卓为名起兵的关东诸侯又相互征伐，走马灯似的出现了一个又一个割据政权。割据政权往往也无法控制基层社会，在北方广阔的原野上星罗棋布般出现了大量的坞堡，各个坞堡内的人数，少则几百家，多至几千家，这些坞堡成为独立王国，也加入了混战。东汉帝国出现了碎片化的割据纷争状态，黎民百姓处于水深火热之中，"百姓死亡，暴骨如莽"，大动荡的时代来临了。

北方军阀"大海选"

关东各地的州郡地方势力曾经为讨伐董卓而结盟。当时董卓倒行逆施，引起很多官员和豪族的反对，东郡太守桥瑁以朝廷最高官员"三公"的名义向地方发布命令，公布董卓的罪恶，号召各地郡守解救朝廷于危难之中。初平元年（190年），后将军袁术、冀州牧韩馥、豫州刺史孔伷、兖州刺史刘岱、河内太守王匡、渤海太守袁绍、陈留太守张邈、东郡太守桥瑁、山阳太守袁遗、济北相鲍信同时起兵，众各数万，推举袁绍为盟主。等到董卓死了，中央政府又名存实亡，这些地方势力便割据一方，转化为军阀。

军阀的来源，除了州郡实权官员，还有世家大族、富室强宗建立的势力。奇异的是，有些军阀头子同时也是文宗、硕儒——学者型的军阀，这在中国历史上也是一个奇观。

学者型军阀中最著名的首推"二袁"，即袁绍、袁术。二袁都是豪侠型的名士，很受士林推重，袁绍"素善养士"，得到"豪杰"的拥护，在当时"名豪大侠"的心目中，袁绍的地位远远超过了袁术。袁绍和袁术都是司空袁逢的儿子，袁术是嫡子，袁绍是庶子，但袁绍后来又被过继给他的伯父袁成，在宗法上压了袁术一头。袁术则以袁绍母亲出身低贱而瞧不起这位堂兄（庶兄），二袁逐渐处于敌对的地位。

张邈和孔伷也是学者型军阀，张邈是东汉末年的党人领袖之一，也是袁绍和曹操的好友，史籍上称为"奔走之友"。

学者型军阀大多缺乏实际的行政才干，尤其不懂军事，董卓的属下郑泰曾评价过这一类的人物，说："张孟卓（张邈）东平长者，坐不窥堂，孔公绪（孔伷）清谈高论，嘘枯吹生，并无军旅之才，执锐之干。""清谈高论"很好理解，"嘘枯吹生"呢，意思是枯了的吹口气使之生长，生长着的吹口气使之干枯，用一句俗话来说就是"活的说死，死的说活"，在讲坛上高谈阔论在行，至于行军打仗则非其所长。

书呆子气最重的学者型军阀是孔融。孔融的知名度很高，原因就是选进课本的"孔融让梨"的故事。孔融是孔子的二十世孙，汉元帝刘奭的老师孔霸的七世孙。孔融天性好学，博览群书，是东汉末年海内知名的大学者。孔融在军阀混战中的表现也是一派"高士"风范，建安元年（196年），

东汉出现了世代研究某部儒家经典，从而世代能当大官的家族。袁氏家族就专门研究《易经》；弘农杨氏家族世代研究《尚书》，杨彪、杨修父子就出自弘农杨氏。

《后汉书·党锢传》将张邈列为"八厨"之一，"厨"并不是现在厨师的意思，"厨"在东汉文献中是"以财救人"之意，也就是急公好义、乐善好施的意思。

| 孔融让梨 |

担任青州刺史北海相的孔融，在城池被围困，身边的士兵死伤枕藉的情况下，犹能"隐几读书，谈笑自若"。乱世里要成就事业，要具有政治才能、军事才能和社会声望。这些学者型军阀虽然社会声望很高，但缺乏政治才能和军事才能，所以在北方军阀"大海选"的赛道上早早被淘汰出局。

除了学者型军阀以外，还有军人出身的军阀。这里边就有我们上文已经提到的吕布。吕布字奉先，五原郡九原（今内蒙古包头九原区）人。吕布是妇孺皆知的历史人物，《三国演义》隐然将吕布作为武功第一的战将来塑造，所以才有了"三英战吕布"的故事。《曹操别传》记载"吕布骁勇，且有骏马，时人为之语曰'人中有吕布，马中有赤兔'"。《三国志》对吕布的武功评价也很高，说吕布弓马娴熟，号为"飞将"。吕布所掌握的是一支并州"劲兵"，长于骑射，并以他为中心形成并州军事集团。与吕布出身和经历相似的，还有张杨和张辽。张杨也曾参加讨董卓联盟，与吕布交好，后来被部下杀死。而张辽则成为曹操阵营中的重要战将。

军人型军阀中还有出身凉州军的张济。张济，武威（今甘肃靖远东南）人。原为董卓部将，董卓被诛杀后，张济与李傕一同率军攻破长安，任中郎将。建安元年（196年），张济因军队缺粮而进攻穰城，中流矢而死。死后，其侄张绣接管张济部队，与刘表和解，屯于南阳宛城。张绣率领凉州军的底子是东汉的正规军，战斗力也很强。

公孙瓒属于基层官员出身的军阀。公孙瓒出身于世代任郡太守的家族，属于"大姓"和"豪族"，但是，由于生母的地位卑贱，在当时"子以母贵"的封建礼法约束之下，公孙瓒是得不到人们重视的，因此，只能出任"郡门下书佐"这样的基层低级官员。"书佐"掌管文书的起草抄写，公孙瓒"性辩慧"，记忆力超强，从而得到郡太守的器重。公孙瓒以门下书佐起家，再为辽东属国长史、涿县令，任涿县令之后，曾奉命统率三千名幽州突骑出征，后来任奋武将军、前将军，封蓟侯、易侯。在戎马生涯中，公孙瓒掌握了一支以"白马义从"为核心的军事力量，成为北方举足轻重的割据势力。

臧霸及其"泰山诸将"属于地方豪族出身的军阀势力。东汉末年，以兖州的泰山郡为中心，加上青、徐两州的山区、沿海地带，是一个特殊地区。以臧霸为首的"泰山诸将"，包括孙观、吴敦、尹礼、昌豨（xī）等人，他们在这里据险自守，拥有了一大块地盘，又统帅了战力强大的"泰山兵",他们既反抗官府,又抄掠百姓,并参与镇压当地的农民起义,成为特殊的军阀势力。

除了这几支较大的割据势力,在西北还出现了边章、韩遂、马腾等为首的军阀集团。这些军阀势力先后加入到中原争霸的战场中来,几经纵横捭阖,几经血拼厮杀,经过六年的时间,直到建安元年(196年)前后,才有几支军阀势力进入了最后的"决赛"。

袁曹携手进"决赛"

袁绍是反董卓联军的盟主。当时关东各方势力在酸枣(今河南延津)会盟,十多万大军逡巡不战,天天置酒高会,不图进取。东郡太守桥瑁与兖州刺史刘岱关系恶化,最终桥瑁被刘岱设法除掉。诸将相互攻击,天长日久,粮食吃光了,便纵兵抄掠百姓,不久便回到自己的州郡。

在当时的关东联军中,张邈集团控制陈留要地,掌握的兵力较多,张邈之弟张超当时任广陵太守,雄踞一方,与张邈遥相呼应。而占据地盘最大的当数冀州牧韩馥,按照史籍的记载,韩馥的冀州"带甲百万,谷支十年",这个说法可能有夸饰的成分,但韩馥治下的冀州实力强大是无可置疑的。这时,袁绍在河内的形势则相当穷困。袁绍在起兵之初,军事实力并不强,他与王匡占据河内。袁绍身为渤海太守,自己部下只有一郡人马,王匡河内郡兵的战斗力也不强,他曾经进军河阳,结果被董卓轻易击溃,自己的部队又

> 陈留,在今天河南开封附近。

> 河内郡,当时属司州,今河南西北与山西、河北省交界的地区。

面临着断粮的危险，严峻的形势逼迫袁绍必须要夺取邻近富庶的冀州作为根据地。袁绍手下的逢纪献策，提出密约公孙瓒同取冀州，韩馥庸碌无能，重兵压境之下必然惊慌失措，这时再派谋士晓以利害，韩馥就有可能将冀州牧的职位让给袁绍。袁绍依计行事，修书于公孙瓒，公孙瓒以讨伐董卓为名，进入冀州，韩馥与公孙瓒交战，不利。此时，袁绍也从河内回师东进，占领了黄河北岸的黎阳（今河南浚县）、朝歌（今河南淇县）等要地。面对公孙瓒和袁绍两面夹击的局面，韩馥手下的谋士荀谌献策道："莫若举冀州以让袁氏。"这反映了韩馥手下相当一部分人的看法：韩馥论能力、论声望、论家世都不如袁绍，争也争不过，不如干脆把冀州让给袁绍。韩馥生性怯懦，又迫于形势，居然准备接受这个建议。韩馥部将耿武、闵纯激烈反对："袁绍孤客穷军，仰我鼻息，譬如婴儿在股掌之上，绝其哺乳，立可饿杀，奈何乃欲以州与之？"韩馥不听，到底还是把冀州送了出去。袁绍进入冀州后，立刻杀死了反对献冀州的耿武、闵纯，自领冀州牧，并拜韩馥为奋威将军，这个奋威将军手下并无一兵一卒，是个"光杆司令"。

袁绍占领冀州后，不仅地盘扩大，而且接收了韩馥手下的军政力量，韩馥手下的麹义和张郃都投靠了袁绍，形成了以麹义、文丑、颜良、张郃、高览"河北五将"为核心的军事力量，同时又形成了以郭图、辛评、荀谌、沮授、田丰、逢纪、许攸为核心的谋士集团，袁绍成为北方最为强大的军阀集团。在河北地区，除袁绍以外还有两支强大的割据势力：其一是公孙瓒的上级幽州牧刘虞，其二就是日渐坐大的公孙瓒。公孙瓒和刘虞共处幽州，双方都在寻找机会吃掉对方。刘虞是宗室出身，祖父刘嘉担任过中央政府九卿之一的光禄勋，是当时的"豪杰"，在社会声望和地位上远远超过公孙瓒。但公孙瓒在与北方部族乌桓、鲜卑的频繁战争中，成为一个能征惯战、手握重兵的实力派，力量逐渐壮大，已经基本控制了幽州。

> 当时的幽州包括今天的河北省北部、北京市和辽宁省一部分地区。

初平二年（191年），当袁绍取得冀州之后，青徐黄巾军三十万众进入河北，公孙瓒打败进入河北的黄巾军，俘获了大量"车甲财物"，威名大震。由此，公孙瓒认为，与袁绍争夺冀州的时机已经成熟，随即以袁绍曾经拥立刘虞做皇帝为由，发动进攻，历史上著名的"界桥之战"由此爆发。在界桥（今河北威县东）南二十里，公孙瓒集结了三万人，分左右两翼各五千骑兵，中心主力为精锐部队"白马义从"。袁绍大将麴义以"先登死士"八百步兵与弩兵数千人应战，袁绍则集结数万步兵在后方接应。公孙瓒因麴义兵少而轻敌，命令骑兵进攻。麴义的步兵成功牵制公孙瓒的骑兵，并以弩兵射倒骑兵，斩杀公孙瓒大将严纲及千余人。公孙瓒兵退至界桥欲反攻，被麴义攻破，麴义攻至公孙瓒兵营，公孙瓒军队全线崩溃。此战，大大挫伤了公孙瓒的锐气，阻止了其南下的势头。

初平四年（193年），刘虞纠合十万人马进攻公孙瓒，结果大败，刘虞本人也为公孙瓒所杀，当地支持刘虞的地方豪族大多被杀。支持刘虞的豪族阎柔联合鲜卑、乌桓，聚集数万人，打败公孙瓒手下的渔阳太守邹丹，并阵斩邹丹。袁绍也派他的大将麴义和刘虞之子刘和，与幽州豪族鲜于辅等联合，乘机发起进攻。公孙瓒失败后，被迫回到易京（在今河北雄县）固守，已无力再与袁绍争战，被淘汰出局只是时间问题了。

与我们读《三国演义》的印象不同，曹操在军阀"大海选"的初选中，力量很单薄，是一个边缘性的人物。起初，曹操在老友张邈和豪族卫兹的助力下，组织起了一支五千人的队伍。不久，曹操在劝说袁绍出战无果的情况下，单独挑战董卓，被董卓部将徐荣打败，卫兹战死，曹操负伤，仅以身免。后来，曹操又同夏侯惇到扬州募兵，纠集了一支四千多人的军队，途中士卒大多叛逃。曹操收集残兵，仅有一千余人，进驻河内；这时，曹操只有一个行奋武将军（行是代理的意思）的空头军职，没有地盘，处境十分窘迫。曹操不得不依附袁绍，事实上成为袁绍的附庸。

初平三年（192年），袁绍夺取冀州后，黄巾军余众大举进攻黄河下游沿岸地区。而刘岱任命的东郡太守无力抵抗，曹操乘机率军进入东郡，打败了黄巾军，俘获降卒三十余万，收其精锐整编为"青州兵"，实力大增，并顺势控制了这一地区，又在袁绍的举荐下担任了军政长官，从此曹操才算有了自己的一块地盘。

东郡在今天河南省濮阳一带，当时属兖州。

此后，曹操与袁绍紧密合作，初平三年（192年）冬，北赴冀州协助袁绍击败公孙瓒；初平四年（193年）春，南下陈留击退袁术的入侵；同年秋，曹操东征徐州陶谦。

在袁曹合作的过程中，袁绍曾多次出力，帮助曹操渡过险境。尤其是兴平元年（194年），张邈、陈宫等联合吕布发动的叛乱，使曹操陷入深重的危机，最紧张的时候，曹操的

青州兵

地盘仅剩三座危城,形势非常严峻,得益于袁绍出兵相助,才解脱困境。兴平二年(195年)十二月曹操攻陷雍丘(今河南杞县),彻底消灭了张邈、张超兄弟的势力,并最终平定了兖州的叛乱。随即,挥师南下,进入豫州。豫州境内没有实力强劲的军阀,那里大多数是一些黄巾余众和袁术的党羽,力量分散,战斗力不强。曹操顺利地占领了豫州,迫使袁术任命的官员归顺。

豫州的许县(今河南许昌)地区属于豫中平原,地势平坦开阔,便于向四方用兵,并且垦殖条件非常优越,曹操在许县附近大兴屯田,解除了军队乏粮的困境,并且建成了比较稳固的根据地。

建安元年(196年),曹操接受荀彧的建议,亲迎汉献

牛耕图(出自东汉画像砖)

曹操原来的官职是兖州牧、镇东将军,属于外朝官员,加衔"录尚书事",则可以左右朝廷的最高决策;曹操又获得了皇帝授予他的节杖和斧钺,就能够代表天子行事,拥有先斩后奏的权力。

帝与百官由洛阳迁都到许。曹操移驾许都之后,让汉献帝任命自己为大将军,但是引起了袁绍的不满,由于当时曹操实力略弱,不愿得罪袁绍从而激化矛盾,让出了这一职务,由

袁绍任大将军，曹操自己做司空，行车骑将军事，领司隶校尉、录尚书事，假节钺。

迁都许县后，曹操动辄以天子和朝廷的名义号令天下，袁绍感到处处被动，由此，袁曹的同盟关系趋于破裂。而曹操也不失时机地以许都为根据地向各方出击，先后击败了军事力量强大的吕布和张绣。建安二年（197年），曹操击败袁术，袁术呕血而死。

在袁曹结盟的十年中，曹操依赖袁绍的扶植而发展，两人同床异梦而又紧密携手，袁绍取河北，曹操图河南，分别成为北方最强大的两支割据势力，两强难以并存，袁曹之间的对决已势不可免。

官渡大战，曹操赢得"决赛"

发生在一千八百多年前的官渡之战，是汉末三国时期的"三大战役"之一，也是中国历史上以弱胜强的著名战例。历史的尘埃早已落定，但在当时人的眼中，这场战役却充满了变数和偶然性。我们利用史料，去复盘当年袁曹对弈的"棋局"，仍能感觉到双方主帅每一颗落子的变幻莫测和雷霆万钧之势。

我们先看双方实力的对比。建安三年（198年）冬，曹操灭吕布，基本控制了今天的河南地区。四年春，袁绍击败公孙瓒，公孙瓒引火自焚，袁绍占据了今天的河北。双方争霸中原之战已迫在眉睫。

兴平二年（195年）袁术自立为帝，自称"仲家"，设置百官。袁术称帝之后，成为众矢之的，每战必败。仅仅二年之后，他发现这个皇帝没法做下去了，才想起了袁绍，想把帝号奉送给他。处在袁绍与袁术之间的曹操自然不会让袁术穿过他的地盘北上青州，于是派刘备阻击。袁术无法通过，只能返回寿春，还没有到寿春，就呕血死于半道。

当时，袁绍占有冀、幽、青、并四州（今河北、京津和山东、山西一部分），北边是北方游牧民族乌桓和鲜卑，力量尚不强大，且已被袁绍用和亲的手段结成盟友，并不构成后方的威胁。在战前的态势上，袁绍以冀州为基地，以幽州为后方，以并、青二州为左右两翼，在战略态势上占优。

曹操占有兖、豫二州和司隶（今河南中部、东部和山东西部），这里位于中原腹部，处于四战之地，南部又有张绣和刘表，战略态势上处于不利地位。

从经济和人口上看，兖州和冀州本来都是东汉的经济繁荣地区，物产丰富、人口众多，但东汉末年以来，兖州和豫州一带屡经战乱，人口大减，经济残破，而冀州则相对富足，从军事后勤和综合实力上看，袁绍占优。

曹操控制了东汉朝廷，派侍中钟繇到长安号令西北，军阀马腾、韩遂等俯首听命，加强了曹操阵营的力量，在政治号召力上，曹操占优。

袁绍是当时世家大族的代表人物，社会声誉很高，而曹操作为宦官的后代（曹操之父曹嵩是大宦官曹腾养子），在声望上处于下风。战前，荀彧深刻分析了袁曹二人的特点，从"度""谋""武""德"四个方面，指出曹操在能力上远胜袁绍。

袁绍的智囊团分为三个集团，其一是元从集团，代表人物是逢纪和许攸；其二是河南集团，代表人物有荀谌、郭图和辛评；其三是冀州土著集团，代表人物主要有沮授、田丰、审配。这几个士人集团，来自不同地域，有着不同的政治、经济利益，在政治策略和军事方针上分歧很大。袁绍过早册封诸子，如他想以三子袁尚代替长子袁谭为嗣，又任命袁谭为青州刺史、外甥高干为并州刺史，此举使诸子争夺最高统治权的斗争日益激化，而且加深了各个士人集团之间的矛盾，使这几个士人集团成为壁垒森严、水火不容的派系。

曹操的智囊团有荀彧、荀攸、程昱、郭嘉、毛玠、钟繇等一批杰出人才，曹操知人善任，能虚心接受他们的意见和建议。曹操的谋士之间没有明显的地域、派系之争，在曹操的统御之下，他们的关系是比较和谐的，能够群策群力，在不同的岗位上发挥作用。因而，在政权内部的凝聚力上，曹操集团明显占优。

袁绍阵营的第一骁将是鞠义，他在平定公孙瓒和黑山军的战斗中，以少胜多，大放异彩，功勋卓著，此后，却因触怒袁绍被杀。战前，袁绍阵营的第一号战将是淳于琼，他是当年的西园八校尉之一，曾是袁绍和曹操的同事，不过，指挥能力并不出众。此外，就是"河北五将"中的其余四将：颜良、文丑、张郃、高览。

曹操阵营的战将主要有夏侯惇、曹洪、张辽、乐进、于禁、徐晃等，打败刘备后又招降了关羽，在战将方面曹操优于袁绍；更为重要的是，曹操在河南与汉末三国时代战力最强大的军阀势力张绣和吕布交过手。通过与张绣三次战斗，重创了张绣集团，缓解了来自西南方面的威胁。曹操还消灭了骁勇异常的吕布。中原是四战之地，强敌环伺，曹操在中原的战斗之艰苦惨烈，远非袁绍兼并河北可比。因而，虽然曹操军队数量少于袁绍，但战斗力却比袁绍强悍。

再看战役的实际演进。第一战：白马、延津遭遇战。

袁绍这个当年的反董卓联军盟主深知"统一战线"的重要性，战前先联系盟友。袁绍最看重的是战斗力强悍又与曹操缠斗多年的张绣。曹操强娶了张绣的婶母，张绣打死了曹操的长子，按说这是不共戴天之仇，袁绍对于争取张绣充满了信心。不料，张绣却在三国顶级谋士贾诩的劝说下，投降了曹操，曹操不仅免除了来自西南的威胁，而且得到了一位猛将、一位顶级谋士，更增加了一支生力军。袁绍争取的第

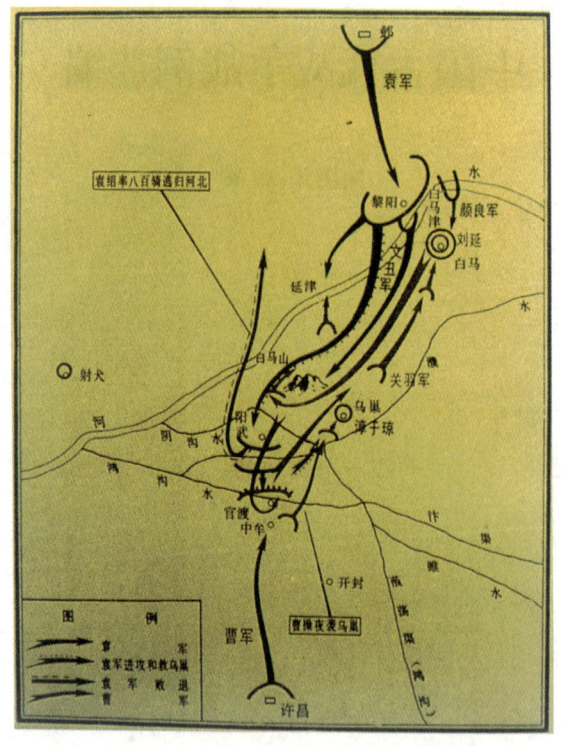

官渡之战示意图

二支力量是占据荆州的刘表，刘表的地位举足轻重，助曹，则形成二打一的局面，助袁，则曹操后方动摇。但刘表对袁绍采取敷衍态度，也不出兵支援曹操。袁绍组建攻曹统一战线、南北夹击曹操的计划落空。

这时，又发生了一起令曹操猝不及防的事，就是刘备在徐州举兵反曹。这一变故极有可能使曹操处于南北夹击的困境之中。曹操毫不迟疑，发兵迅速打败刘备，并俘获劝降了关羽，随即返回官渡。在曹操出兵徐州时，袁绍的谋士田丰建议应乘虚进攻许都，但袁绍不听。

曹操虽然打败了刘备，但袁绍这位盟主并没有把当年的小弟曹操放在眼里，积极准备南征。战前，袁绍阵营在战略安排上发生了严重分歧，沮授认为新近刚打败公孙瓒，百姓疲敝，不可轻动，应采取持重的方式，消耗曹军的力量。田丰也认为应采取持久战的方式对付曹军，旷日持久，曹军必定难以支撑。郭图、审配坚决反对，说讨伐曹操，易如反掌。袁绍支持郭图、审配，还将田丰关进了监狱。

建安五年（200年）二月，袁绍亲提马步军十万余人开始渡河南征，拉开了官渡大战的序幕。

此前，为了应对袁绍的南征，曹操设置了三道防线。第一道防线设在黄河南岸渡口。黄河渡口众多，处处设防则兵力必然分散。为了集中兵力，曹操只做重点防御，派于禁率步骑二千驻守延津（今河南延津西北至滑县以北的一段）、原武（今河南原阳）一带；派东郡太守刘延防御白马（今河南滑县东）。曹操并不指望这条防线挡住袁军，但希望通过前哨战挫伤袁军锐气，试探敌军战斗力。第二道防线设在官渡（今河南中牟县东北），这是曹操抗击袁军的生命线。曹操亲率大将张辽、乐进、徐晃、曹洪，谋士荀攸、贾诩、郭嘉等人镇守。最后一道防线设在许都，由曹操阵营首席谋士荀彧镇守。此防线的作用主要体现在稳定后方，提供后勤支持，防止反曹势力乘机作乱。如果官渡失守，许昌注定是保不住的。

战争开始后，袁绍令其大将颜良为先锋，渡过黄河打击驻守白马的刘延。沮授认为，颜良虽然骁勇善战，但性格急躁，不可独当此任。袁绍置之不理。四月，曹操亲自率军北救白马，荀攸献策："敌多我少，要分散敌军兵力制造战机，可作出渡河袭击敌军后方的假象，吸引袁军回援，然后攻敌不备，突袭白马，颜良可擒。"曹操按计而行，袁绍闻曹军要渡河抄后路，果然中计，匆匆分兵回援。曹操纵兵直奔白马，距离十余里时，颜良才发现，大惊失色，仓皇应战。曹操令张辽、关羽为先锋出击，关羽"策马刺良于万众之中，斩其首还"。

曹操解了白马之围后，沿河西进，并迁徙带走了当地的民众。颜良被阵斩于白马，袁绍大怒，准备亲率领主力渡河决战，沮授再次提出建议："不要全军渡河，深入敌境陷入被动，应该以主力留守延津，分兵进攻官渡，如有闪失，可预留后路。"袁绍非但不从，还剥夺了沮授的兵权。

官渡地属平原，处于鸿沟水系的上游，北边共有数条东西流向的水道，对袁绍军队的南下构成了层层阻碍。官渡是颍川以北的重要屏障，属于袁绍南取许都的必经之地，曹操将主力部署于此，能以少抗众，使强敌驻足不前。

《三国志》和《三国演义》都描写过关羽斩颜良的这次作战，不同的是，《三国演义》着重描绘关羽的神勇，而正史《三国志》则重点说荀攸计策的奇妙和曹操战术指挥水平的高超。颜良是三国时代的河北名将，勇冠三军，如果和关羽单挑未必处于下风，但由于迎战仓促，猝不及防之下，做了关羽刀下之鬼，成就了关羽一世英名。

袁绍大军渡过黄河,派刘备与大将文丑追击曹操。曹操六百铁骑突然冲出,大破袁军,阵斩文丑。

两场遭遇战,袁军大败,损失了主将颜良、文丑,锐气大伤,被迫放慢推进速度。曹军则初战取胜、士气大振,移师官渡,严阵以待。

> 《三国演义》上说是关羽斩杀了文丑,但《三国志》上没有相关记载。

建安五年八月,袁绍大军推进至官渡前沿,东西达数十里,声势浩大。曹军也修筑工事,严阵以待。

> 石桥交战画像石(东汉)。桥上一轻车指挥,其后三骑一车,骑者执弓和矛,车前步卒执兵器与胡兵短兵相接,左侧兵士张弓欲射,战斗激烈。

针对袁曹双方的特点,沮授再次进言,认为袁军数量多,但战斗力不行,曹军人少,但比较强悍,曹军希望速战速决,而持久作战则对袁军有利,应坚守不战,用"熬"的办法来拖死曹军。袁绍一概不从。

第二战:官渡相持。建安五年九月,袁曹两军在官渡展开了"科技含量"极高的攻防大战。袁军起高楼,筑土山,居高临下,俯射曹营,曹军士兵只得举盾牌行走,恐惧万分。曹操针锋相对,用发石车攻击敌楼,敌楼应声而破,因发石车声如巨雷,袁军惧怕,号为"霹雳车"。袁军又挖地道，企图偷袭曹营，曹军则挖壕沟以破之。曹军虽然守住了官渡，稳住了正面战场，但因为综合实力不抵袁绍，士兵越打越少，粮食将尽，后勤保障越来越困难，颓势渐显。

这时，袁绍对曹操后方的侵扰也屡屡奏效，汝南黄巾军刘辟等乘袁曹官渡相持之际叛曹响应袁绍，袁绍又派刘备率军侵扰后方，曹操辖区许多民众和官员响应刘备。曹操派曹仁击败刘备，收复叛乱的地方，才稍稍稳住了阵脚。

在官渡前线最吃紧的时候，许都和军中的许多官员、将领都与袁绍暗通款曲，为日后投降做准备。这一系列危机叠加在曹操身上，致使他心力交瘁，感到难以坚持下去，甚至一度动摇，准备从官渡后撤，退守许都。

曹操的首席谋士荀彧主张坚守官渡，万不可撤退。他说，今天的局面有如当年刘邦和项羽相持，谁先撤退，就会一发不可收拾，现在袁军虚实已显，坚持下去就能找到取胜的战机。贾诩也认为，如能在关键时刻，抓住机遇放手一搏，就能取得胜利。曹操接受了他们的建议，决心坚持下去，等待时机。

战役的转折点：乌巢烧粮。这时，一起袁曹双方主帅都意想不到的突发事件发生了。袁曹当年的老友、现在袁绍阵营的谋士许攸因不满审配处罚自己的家人，而袁绍又不接受自己轻兵突袭许都的建议，于是心灰意冷，决意投靠曹操。他向曹操透露了袁军的重大机密：袁军辎重粮食万余车停靠

《三国志》上称曹军不到一万人，且有二三千伤员。这一点不甚可信。曹军既然能在漫长的战线上抵抗袁军，当然军队不会如此之少，但肯定在数量上处于绝对劣势。

在乌巢（在今河南延津境内），防守并不严密，若以轻兵突袭，必可全胜。曹操大喜，亲率五千精兵，都用袁军旗帜，人衔枚，马缚口，疾奔乌巢而去，遇到袁军盘问，假称：袁公为防曹操突袭，增兵防守。利用夜色掩护，曹军突至乌巢大营前，士兵纵火，营中惊乱。负责驻守的淳于琼见曹操兵少，极力稳住阵脚，与曹操对峙。

此时，袁绍得知曹操袭击乌巢，决意趁曹操与淳于琼大战、大营空虚之际，派张郃、高览进攻曹操大营。张郃提出反对意见：曹操亲率精兵攻击淳于琼，志在必得，淳于琼抵挡不住，情势会非常危险，不如先救淳于琼。但谋士郭图附和袁绍，主张偷袭曹操大营，袁绍遂决定以重兵进攻曹操大营，只派少数轻骑救援淳于琼。

曹操率军殊死搏杀，大破袁军，阵斩淳于琼，并纵火烧掉乌巢存粮，火光冲天，袁军大为惊惧。这边，曹操大营在曹洪和荀攸的坚守之下，顶住了袁军的一轮轮冲击，袁军反而处于腹背受敌的危机之中。郭图担心袁绍追究他的责任，诋毁张郃作战不力，张郃愤恨，于是与高览焚烧了军需物资投降曹操。至此，袁军全线崩溃，袁绍只率八百骑渡河逃走。官渡大战以曹操完胜而收官。

一年多后，建安七年（202年）五月袁绍病死。建安八年，袁氏兄弟相争。建安九年，曹操对冀州发动最后攻势，一年后平定冀州，彻底消灭袁氏集团，基本统一了北方。

关于官渡之战袁败曹胜的原因，历来说法很多。简单说

官渡之战内容极其丰富，作战样式多样，既有运动战，又有阵地战；既有闪击战，又有持久战、后勤破袭战；既有宣传心理战，又有策反战，可谓古代的"军事百科全书"。

来，袁绍一是败在大意轻敌，战前准备不足；二是败在刚愎自用，不能采纳谋士的正确建议；最关键的问题，是袁绍内部不和，冀州土著集团谋士审配打击元从集团的许攸，河南集团的郭图打击冀州名将张郃，许攸和张郃的叛逃，是压垮袁绍的最后一根稻草，正应了那句名言：堡垒最容易从内部攻破。

魏氏三祖
——曹魏的开创与守成

魏氏三祖指的是曹魏的祖孙三代皇帝：太祖武帝曹操、世祖文帝曹丕、烈祖明帝曹叡。太祖、世祖、烈祖为庙号，"武""文""明"为谥号。烈祖曹叡之后还有齐王曹芳、高贵乡公曹髦、元帝曹奂，齐王曹芳被权臣司马氏废黜、高贵乡公曹髦被杀，除元帝外均既无庙号也无谥号。在曹氏家族中，拥有皇帝称号的还有曹操的祖父曹腾，被称为高皇帝；曹操的父亲曹嵩，被称为太皇帝；其中曹腾、曹嵩、曹操都没有做过皇帝，他们的帝号是后代追授的，而曹腾还是中国历史上唯一被授予帝号的太监，可谓空前绝后。更令人称奇的是谥号、庙号一般都是当朝皇帝驾崩后由后代议定的，而烈祖是曹叡在活着的时候给自己封授的，在曹魏之前，庙号授予很严格，一般朝代的开国皇帝才称"祖"，守成皇帝无论功劳多大都只能称"宗"，曹叡突破这个成规后，以后朝代称"祖"的皇帝就多起来了，比如清代就有太祖努尔哈赤、世祖福临、圣祖康熙玄烨。

> 在中国古代诸多的皇帝称号中，庙号和谥号早在商周就已经出现。谥号是对古代帝王道德功绩的盖棺定论，唐以前，皇帝一般都以谥号称呼，比方说"文帝""武帝""宣帝"。庙号则是中国古代的帝王死后在专门的祭祀之庙或在太庙立室奉祀时所用的称号，一般称"祖"或"宗"，最初并不是所有皇帝都能拥有。

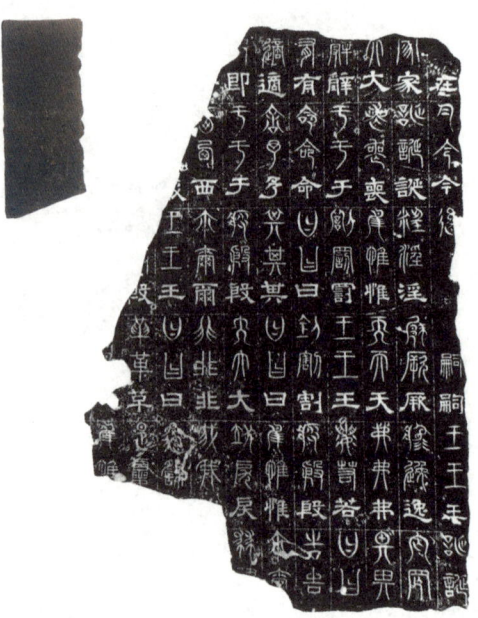

魏国三体石经,用古文、小篆、隶书三种字体刻成。

曹操没有当过一天皇帝,但他是魏国的实际奠基者,曹丕和曹叡是曹魏执掌实际权力的两代皇帝,曹叡以后,曹魏的政权就逐渐被权臣司马氏掌握了。魏氏三祖的历史,就是魏国从创立到繁盛的历史。受《三国演义》的影响,我们对魏氏三祖有一个刻板的印象就是一代不如一代。其实在中国历代皇帝中,魏氏三祖才略过人,各有其光彩夺目的一面,值得我们走进历史去认真探究他们的独特身世、文治武功、成败得失。

太祖曹操的正面与侧面

先看曹操。我们以往对曹操,重视的是他的文治武功,而对于他的身世、性格等关注不够,因此,我们眼中的曹操往往是一个高度符号化的人物,或是狡诈残忍的白脸"奸雄"形象，或是一个"上马横槊，下马赋诗"的英雄形象，其实曹操是一个具有多重性格、极其复杂的历史人物。

曹操的祖父曹腾是东汉末年的大宦官，侍奉了四位皇帝（安、顺、冲、桓四帝），前后三十多年。曹操的父亲曹嵩是曹腾的养子，东汉末年宦官集团的势力很大，大宦官的养子兄弟很多官居要职，曹嵩先后出任过司隶校尉、大司农等职务，灵帝时用巨资买得了太尉的职位（太尉在东汉时与司徒、司空合称"三公"，是一人之下万人之上的高位）。因为曹嵩是曹腾的养子，曹操真正的祖上是谁，就成了谜。陈寿撰写《三国志》时，距离曹操去世不过五十余年，对于一些传言，比如曹操本姓夏侯不姓曹之类应该是听过的，可是在撰写《三国志》提及曹操的身世时，他还是忠实地写下了"莫能审其出生本末"。

曹操横槊赋诗图，出自颐和园长廊彩画。

出身权宦家庭的曹操，早年飞鹰走狗、游荡无度，是个问题少年。曹操的叔叔看到曹操这样胡乱游荡，没有节制，心里着急，就到曹嵩那里告状，曹嵩找来曹操一顿训斥；被父亲教训之后，曹操并不收敛，而是想着怎么对付多管闲事的叔叔。一天，曹操在路上碰到叔叔，突然摔倒在地，口吐白沫，装作不省人事；叔叔赶忙到曹嵩那里告急，待到曹嵩来到曹操面前时，曹操却像个没事儿人一样闲坐，曹嵩大惊："叔叔说你中风了，这么快就好了吗？"曹操说："我本来没有事儿，因为叔叔不喜欢我，才说我中风了。"曹嵩将信将疑，以后就不大相信曹操叔叔的话了。这段故事不是陈寿记载下来的，而是保存在一本叫《曹瞒传》的书里，裴松之为《三国志》作注时，把这段故事附注在曹操的本纪——"武帝纪"中。《世语》中还记载了曹操与袁绍一起搞的恶作剧，我们看《三国演义》，只知道袁绍与曹操是死敌，在官渡打得难解难分，其实他们两人是少年时的好友，经常一起游荡。一次，有人家迎娶新娘，曹操和袁绍在旁边看热闹，突然曹操大喊"有贼"，人们纷纷跑出来查看，曹操趁机持刀劫持了新娘，与袁绍一起背着新娘逃跑，新娘家人在后边追赶，慌忙中，袁绍和曹操摔倒在树丛中，眼看就要被擒获，曹操指着袁绍的方向大喊："新娘在这里！"袁绍害怕，赶紧丢下新娘，与曹操抄小道逃跑了。《三国志·武帝纪》中记载，"太祖少机警，有权数"，在这个故事中，曹操的机警、智谋表现得淋漓尽致。

不过，少年曹操虽然游荡无度，但却不是个不学无术的纨绔子弟，曹操读书很用功，勤奋读书的习惯保持了一生，"虽在军旅，手不释卷"，就是在戎马倥偬之中，也常常读书和写作。曹操在诗文上天赋极高，他一生留下了像"东临碣石，以观沧海"（《步出夏门行·观沧海》），"对酒当歌，人生几何"（《短歌行》），"白骨露于野，千里无鸡鸣"（《蒿里行》），"北上太行山，艰哉何巍巍"（《苦寒行》）等千古名句，用清人吴淇的话说，就是"武帝制作，无不精妙，故铜雀台，后世得其片瓦，犹值百金"，就是说他的作品无不精妙绝伦，像稀世珍宝一样越久越值钱。除此之外，他的儿子曹丕、曹植以至他的孙子曹叡，都在他的影响之下写了很多诗词歌赋，后世称之为"魏氏三祖，风流可怀"。

在三国诸多风云人物中，曹操的军事才能最为突出，无论是周瑜、诸葛亮还是司马懿都无法与其相比。曹操生长在东汉末年，当时社会动荡、战乱频仍，社会环境造就了曹操。他少年时"博览群书，特好兵法"，成年以后，参加了反对董卓的战争，从此鞍马劳顿、倥偬一生。战争的实践，

曹操书法"衮雪"拓片。这是目前唯一能看到的曹操书法真迹。

加深了他对兵家著作的理解，发展了兵法理论。曹操辩证地提出了"恃武者灭，恃文者亡"的观点，认为单纯依靠武力而不恤民，是要亡国的；反之，只讲仁义道德，不做战争准备也是要亡国的。

曹操在三十余年的战争生涯中，始终贯彻先计而后动的方略，在战前深入分析战争双方的主客观条件，然后集思广益，谋定而动，取得战争主动权。我们在官渡之战、关西之战和征乌桓等重大战役中，都能看到曹操作为军事战略家出类拔萃的谋划战争的能力。

曹操不仅是优秀的军事理论家和军事统帅，还是亲临战阵的战士。曹操自幼习武，"才武绝人"，武功很高强。我们读《三国演义》都知道关羽的坐骑名为"赤兔"，刘备的坐骑名为"的卢"，其实曹操也有一匹坐骑名为"绝影"，单从名称上，我们就可以想象曹操在马上纵横驱驰、风驰电掣的形象。

曹操在战争中多次遇险。首战董卓，曹操大败，自己中箭，坐骑受伤，曹洪把自己的马让给曹操，使他侥幸脱离险境。在征张绣之战中，曹操右臂中箭，坐骑"绝影"受伤，长子曹昂将坐骑让给曹操，曹操才幸免于难，而曹昂遇难。在征吕布之战中，曹操险些做了俘虏，吕布的骑将已经冲到曹操面前，大声喝问："曹操何在？"曹操掩面回答："前面骑黄马者是曹操。"这才侥幸逃生。在征马超之战中，曹操与主力失散，独坐船中，箭如雨下。靠着身先士卒的勇

> 据《三国志》注引《异同杂语》载，曹操整理抄集诸家兵法，名曰《接要》，又注《孙武》十三篇。据《隋书·经籍志》记载，曹操自己撰写的兵书还有《续孙子兵法》二卷，《兵书接要》十卷，《兵书略要》九卷，《魏武帝兵法》一卷。这些著作，在唐代以后大都失传了，仅有个别著作留下残文。

气，曹操将临时招募的一支乌合之众锻炼成为战守兼备的铁军。

曹操志向远大，能够顺应历史的潮流。在东汉末年，宦官集团是一股黑暗势力，受到了士大夫集团、外戚集团和人民的共同反对，曹操虽然出身于宦官家庭，但他投入了反对宦官势力的斗争。曹操靠着家族的影响，二十岁举孝廉，担任洛阳北部尉，这是一个主管治安和军事的官员，类似今天的公安局长兼军分区司令，在任上，曹操将触犯法律的大宦官蹇硕的叔叔处死，震动京师。光和末年（184年），曹操因镇压黄巾起义有功，升任东郡太守，因不愿与执掌朝政的宦官集团同流合污，辞官回家，史书上说他在城外筑室居住，春夏时节读书写作，秋冬季节打猎。后来他与袁绍一起成为西园校尉，任典军校尉，参与了何进剪灭宦官的行动。董卓执政后，他参与关东诸侯反董卓的战争，从此走入群雄争霸的行列。

曹操为人器局开阔，有识才用才的雅量。在他周围，聚集了以荀彧、郭嘉、贾诩、刘晔为首的智囊集团，以张辽、徐晃、李典、张郃为首的军事将领，在汉末三国的政治集团中，曹魏集团的人才最盛，如群星璀璨般的杰出人才，是曹操集团以弱胜强，最终统一中原的重要因素。

曹操行事有天马行空、无拘无束的特点。他将歌伎出身的卞氏立为王后，毫不在意世人的非议。他在大庭广众之下谈笑风生，有时将头巾扎进菜汤里还不自知，完全不是不苟言笑的统帅形象。

曹操一生功业显赫,是一个极其自负的人,同时,我们通过历史的细枝末节可以看出,他又是一个具有严重自卑心理的人。

曹操的自卑心理首先出自他的宦官家庭出身。虽说英雄不问出身,但中国的史书偏偏喜欢谈论人物的出身,人物传记一般先说哪里人、姓甚名谁,接着交代人物的远祖,然后再从祖父到父亲逐一记述。东汉王朝更是非常重视门第,而东汉末年又是一个世家大族开始发展,并在政治上具有重要地位的时代。所谓的世家大族,一般是指世代有人做高官,或是出身于儒学世家,也有的世家大族同时具备这两种资格,族中的杰出者既是高官,又是名儒。比较典型的如弘农杨家和汝南袁家,袁绍就出自汝南袁家。这些名士互相推重,互相标榜,在一起议论朝政、品评人物,形成了强大的舆论力量,结为党人,发展成一支堪与外戚宦官相抗衡的政治力量。在曹操的幼年和青年时代,已经发生了两次宦官集团迫害党人的"党锢"之祸,"党锢"之祸后,虽然宦官集团气焰嚣张,但被"禁锢"的"党人"却得到社会上广泛的同情,其声望空前提高。李膺是"党人"领袖,被称为"三君"之一,他家的门槛高到什么程度呢?就是后进之士如果有幸能到他家里拜访,就被称为"登龙门",荣耀非常。在名士社会地位空前提高的同时,当时社会上又流行"品藻人物"的风气,名士口中的品评,成为朝廷选拔官员的风

许靖、许劭都是当时的名士,他们开设了一个讲坛,每月初一发表清议,评论乡党,褒贬时政,被称为"月旦评",一时引得四方士人慕名而来,以能得到二许一字之评为荣。后来,"月旦人物"便成为品评人物的一个成语。

向标，往往可以左右士大夫的仕途进退，如果得到名士的褒奖，就会名声大震、高官得做，如果要毁坏一个人的名声，也只需要片言只语，正如鲁迅所言"声名成毁，决于片言"。

曹操出身于宦官家庭，无可避免地背负着宦官的坏名声，他想挤进士大夫圈子里，就需要得到名士的推重。史载，曹操年轻时千方百计接近二许，准备了厚礼，想得到二许的品评，许劭看不起这个宦官的后代，对他不予理睬，后来被逼不过，说了那句著名的评语"子治世之能臣，乱世之奸雄"，得到评语，曹操大悦而去。

虽然得到了名士的推重，曹操也与袁绍、张邈等世族子弟结为好友，但宦官家庭背景仍是他心中挥之不去的阴影，而敌对势力也总是拿他的家庭出身说事儿。在官渡决战之前，袁绍请了当时的名士陈琳写下了檄文攻击曹操的最痛处："乞匄携养，赘阉遗丑。"话说得很难听，以往的学者大都关注到"阉"，即曹嵩是宦官之子，而很少注意"赘"字之意。古代卖子与人为奴婢，即跟随主人之姓，称为"赘子"，这是说曹操的父亲是被宦官买来领养的来路不明的"弃儿"。这种自卑感使曹操有时非常多疑敏感而又残暴，他对待世族出身的杨修的态度最能说明他的这种心理。建安二十四年（219年），他处死了杨修，理由是"漏泄言教""交关诸侯"。这两个理由都经不起推敲，极有可能是曹操见不得杨修祖上累世公卿的世族地位，他不相信像杨修这样的世族会真心臣服于曹氏政权，于是，杀掉他就成为最好的选择。

曹操自卑心理的另一个来源则是他的相貌。汉末三国是一个重"颜值"的时代，尤其重视男性的"颜值"，当时盛行以"骨相"来判断人的富贵贫贱、寿命长短以及操行好坏，汉朝的审美标准是男人必须长得高大、有浓密的胡子（美髯公）、皮肤白皙。《三国志》中的君主、文臣、武将，有相貌记载的共有四十五人，对于刘备、孙权、诸葛亮等，都有详细的相貌描写，对于曹操则回避了他的相貌。而另一部史书《魏氏春秋》则透露了曹操相貌的信息——"姿貌短小"，说明曹操个子不高、其貌不扬。《世说新语·容止》篇中有一个"真假魏王"的故事，提供了曹操长相不佳的又一例证。故事说，曹操见匈奴使者，自以为形貌丑陋，不足以扬国威，特让形貌俱佳的崔琰假扮魏王接见使者。对这个故事，学界有很多解释，但有一点是公认的，曹操对自己的长相自惭形秽，不然他不会让崔琰代替他接见使臣。后来这位身材高大帅气、谈吐文雅的大臣崔琰，被曹操以摆不上台面的理由杀害了，有人推测这也是出于自卑心理的过度反应。

关于曹操的多重面向，有学者又提出了新的问题：黄巾军是汉末重要的力量，为什么其他政治集团都没有收降黄巾军，而只有曹操成功地收降了百万黄巾军？经过对史料中隐秘信息的解读，可以发现，曹操家族与原始道教有千丝万

真假魏王

缕的联系，曹氏家族不是以儒术起家的世家大族，而属于思想状况芜杂、有道术信仰传统的权宦阶层。曹操能收降黄巾军，是因为他们有共同的宗教信仰。所以，曹氏家族中十分盛行神仙方术。曹操一直到死，并没有完全摆脱这种对原始道教的信仰，在他晚年所居的宫殿里，还有专祀黄老的"濯龙祠"。

我们读《三国演义》，熟知曹操掌控东汉政权的方式是"挟天子以令诸侯"，其实这个说法并不准确。曹操谋士为曹操提出的策略是"奉天子以令不臣",而"挟天子以令诸侯"是袁绍谋臣田丰提出的,原话记载在《献帝春秋》:"若挟天子以令诸侯,四海可指麾而定。"这其中一"挟"一"奉"大有深意,表明起初曹氏集团还保有对汉帝的尊重、拥戴,而袁氏集团一开始就把汉帝当作招牌和棋子。

东汉皇权虽已衰微,但却拥有异常深厚的社会基础,任何贸然更改或替代皇权的行径,都要冒极大的风险,袁术称帝失败就是例证。当时有能力拥戴东汉皇室的主要是袁绍集团,袁绍的谋士确实也提过这样的建议,但也有谋士提出了反对意见,大意是我们是一支独立的政治力量,早晚也会有机会登基称帝,如果迎奉了汉帝,就要事事请示汇报,岂不是自找麻烦。

袁氏兄弟外,其他比较大的军阀集团,如刘表、刘璋、张鲁等,虽然不敢背弃汉室,但囿于自身的政治抱负等条件,大都对汉献帝的潜在政治影响力认识不足。只有曹操眼光独到,曹操出身于宦官家庭,其家族发家史是与皇帝、宫廷联系在一起的,这使他对东汉皇权认识深刻。

建安元年(196年),汉献帝在白波帅杨奉、韩暹等挟持下由河东回到洛阳,曹操遂正式提出奉迎汉献帝到许昌的议案,并在谋士董昭的策划下,成功地将汉献帝迁徙到许昌,控制在自己手中。曹操取得了对汉献帝的控制权,也就掌握了当时政局的枢纽和关键,自此揭开了他利用汉室名号、确立曹魏统治的新篇章。

这里的"天子"就是东汉末代皇帝汉献帝,"献"是世祖曹丕给予这位末代皇帝的谥号,"献"并不是把皇位献给曹魏的意思,而是聪明睿智的意思。刘协在东汉十四位皇帝中,在位时间达三十一年,仅次于开国皇帝光武帝刘秀的在位三十二年,但他却连一天也没有掌控过全国政权,所谓"尺土一民,皆非汉有"。

以往我们受《三国演义》的影响,认为曹操从迎奉汉帝开始,就有了篡位的野心,其实这是不公正的。曹操的政治抱负是随着历史的发展而变化的,在青年时期,他的志向是建功立名,努力跻身于世家大族行列,晚年时期,随着实力的增长和情势的变化,他才步步逼宫,完成了篡汉的准备,扮演了一个权奸的角色。

曹操奉汉帝都许昌，双方度过了一个短暂的"蜜月时期"。但随着曹操势力的增长，权力欲也开始膨胀，渐渐引起了朝廷内忠于汉朝势力的反对。

建安五年（200年）正月，汉室外戚车骑将军董承（献帝祖母董太后的侄子）联络一部分官员，密谋诛杀曹操，刘备也参与这次密谋。曹操挫败了这起阴谋，董承等人被夷三族。董承的谋反之举据说是受了献帝"密诏"。

其后，在曹操征张绣期间，汉献帝与曹操再起冲突，起因是汉献帝恢复了"三公领兵入见，皆交戟叉颈而前"的旧制。这句话不太好理解，总体来说，就是如果三公领兵见皇帝，必须解除所有武装，单人朝见皇帝，这项制度严重损害了曹操的威严，因而曹操自此不再朝见天子。

曹操不再朝见天子，那么他借汉献帝的名义发号施令，就只通过间接地上表来进行，其中"请示"的成分已所剩无几，他基本上是独立地裁决军政大事。这样，曹操才真正开始"挟天子而令诸侯"。

建安九年（204年）九月，曹操破邺城，司空府也由许都迁往邺城，这样曹操就把汉献帝朝廷搁置在许都一隅，在邺城放手发展自己的势力，使邺城成为新的政治中心。建安十三（208年）年六月，曹操担任丞相，开始大权独揽。

建安十六年（211年）五月，汉献帝被迫以冀州十郡册封曹操为魏公，加九锡殊礼。至此，曹操实现了封藩建国的抱负，走上了颠覆东汉皇权之路。曹操在建安二十一年称王后，又采取了一些不同寻常的举动，次年四月，"设天子旌旗，出入称警跸"，在礼制上已开始与汉献帝分庭抗礼。

在一般人看来，曹操操纵东汉政权达二十余年之久，权势盛极一时，统治基础稳固，按情理早应该登基称帝。但曹操终其一生，只是"将皇袍当衬衣穿"，在离皇位仅一步之遥时止步不前。千百年来，人们对这一历史现象困惑不解，试图探寻其奥秘的兴趣始终未减。司马光认为曹操是"畏名义而自抑"，这个名义有两种解释，一是曹操自认为是宦官之后，没有资格当皇帝，一是身为汉臣，不愿承担篡权的恶名。

其实，历史还有更复杂的一面。曹操在取代东汉皇权的过程中，始终面临着来自各方面的激烈反抗，这种激烈冲突一直延续到曹操去世前夜。

阻力首先来自曹魏政权内部，而造成阻力的不是别人，正是曹操阵营的元老谋臣荀彧。荀彧出自著名的颍川荀氏家族，怀有深厚的世家大族情结和浓厚的正统观念，他以"匡佐汉室"为己任，反对曹操晋爵魏公，受赐九锡。荀彧为此遭到冷落，被迫自杀。

建安十九年（214年）十一月，汉献帝的伏皇后因对曹操不满而被杀。

建安二十三年（218年），发生了"金祎谋反案"，时机选在关羽兵逼樊城、伺机北伐之际，企图以军事、政治手段，联络外部敌对势力，一举击垮曹操。不久，建安二十四

> 魏讽谋反案对曹魏集团的震动极大。金祎谋反案发生在许都，参与者大都是汉帝的旧臣，这还可以理解；而魏讽则是曹操倚仗的曹魏集团的故旧，其他参与者也都与曹操政权关系密切的官员。这表明围绕如何对待汉帝、要不要"以魏代汉"，曹操政权内部矛盾已日趋激化。

年（219年）又发生了魏讽谋反案，时机选在曹操西拒刘备、屯兵长安之时。

待到处理完魏讽谋反案后不到一年，曹操就去世了，所以一辈子将皇袍当衬衣穿，也有被情势所迫，不得不如此的因素。

建安二十五年（220年），曹操病逝于洛阳，享年六十六岁。曹操死后一千八百多年来，有关曹操的各种话题总是能引起各方关注，就连他死后葬身何处都有各种各样的说法。曹操生前有魏王之名，而且有皇帝之实，帝王的陵墓是皇帝礼制中的重要一环，比如曹操之前的汉高祖、汉武帝、光武帝，都有地点明确、规制宏伟的陵墓，按照通常的想法曹操也应该有一个规模体制相当的陵墓，但曹操生前为人节俭，遗愿中明确提出要丧事从简，这却引起了人们的猜疑。

当然，争论更多的还是关于曹操历史地位的评价问题。曹操是一个复杂的历史人物，各种评价都能在历史典籍中找到相应的史料支持，因此，在曹操死后，各种关于他的或褒或贬的评价就层出不穷，聚讼不已。

曹操生前对自己有一个评价，他在著名的《让县自明本志令》（作于建安十五年，即210年）中说，"使天下无有孤，不知当几人称帝，几人称王"。

陈寿在《三国志》中评论曹操："可谓非常之人，超世之杰矣。"这些评价都是对曹操剪灭群雄、混一中原的褒奖，也是符合历史实际的。

民间有"七十二疑冢"的传闻，说曹操为了防止盗墓，生前营造了七十二处陵墓，谁也不知道他到底葬身何处。直到二十世纪七十年代中期，考古学家证实所谓"七十二疑冢"，实际上是一个分布在河北磁县的北朝贵族墓葬群。真正的曹操墓，据河南省文物考古研究所2009年宣布，位于河南安阳安丰县的西高穴村。考古报告公布发现了"魏武王所常用挌虎大戟""魏武王所常用挌虎短矛"等字样的石牌，也包括写有"魏武王所常用慰项石"的石枕，其中一具人骨为六十岁左右的男性，有学者初步断定他就是曹操。

三国时吴国的陆机在《辩亡论》中说:"曹氏虽功济诸华,虐亦深矣,其民怨矣。"这一方面肯定了曹操统一中原的功绩,另一方面也实事求是地说了在曹操的高压统治下民

曹操墓出的魏武王石牌

怨沸腾的情况。

裴松之在《三国志》注中说:"历观古今书籍,所载贪残虐烈无道之臣,于操为甚。"这个说法,将曹操列为历代贪残无道之最,也有些言过其实。

唐太宗评价曹操:"临危制变,料敌设奇,一将之智有余,万乘之才不足。"这是说曹操有统帅之才,而无帝王之略。

大体上,在南宋以前,对曹操的评价有褒有贬,以褒为主,南宋以后,关于曹操的负面评价开始占上风,到《三国演义》面世以后,曹操欺君篡位的奸臣形象开始深入人心。不过,《三国演义》中对曹操罪恶的描述,有的符合历史史实,有的出于文学虚构,这一点也要搞清楚。

由于对曹操的负面评价太多了，在某种程度上已经遮蔽了曹操的历史形象，因此，二十世纪五十年代，史学界又有了为"曹操翻案"的风潮。1959年，郭沫若接连写了《谈蔡文姬的〈胡笳十八拍〉》《替曹操翻案》《中国农民起义的历史发展过程——序〈蔡文姬〉》等文章，并在历史剧《蔡文姬》里塑造了一个与《三国演义》中的曹操迥然不同的曹操形象，一时间，对曹操的正面评价又占了上风。到了二十世纪八十年代，对曹操的评价逐渐趋于理性，但争论仍然存在，在某些方面，不同的看法仍然尖锐对立。与其他历史人物不同，对曹操的评价不仅史学界关注，大众也很关注。

曹操成长于东汉大动乱的年代，他的思想、行动、制定的政策是在当时特定的历史环境中形成的，他的优点和缺点都具有鲜明的时代特色。曹操站在东汉末年大时代的潮头，运筹帷幄、叱咤风云，在他巨大的身影下，历史翻过了一页又一页的华彩篇章。他的所思、所言、所行，深刻影响着时代，他是汉末三国历史的参与者、领导者和塑造者。他像所有历史人物一样，代表并属于自己的时代。从历史的视角观察，曹操像是一个矛盾的综合体，理智与荒唐、仁慈与残暴、光辉与黑暗错综复杂地交集于一身。

曹操一生东征西讨，历经战董卓、战黄巾、战吕布、战官渡、战马超、战鲜卑等十一次较大的战役，在他生前完成了统一中原的大业。

曹操是魏国的奠基人。他破格用人、整饬吏治，创造了魏国活泼有生气的政治局面。

曹操注重招诱流民屯田就农，劝课农桑，发展生产，促进了农业生产的发展，农民生产积极性提高了。曹魏初期的单位亩产量超过了前朝，为西晋统一全国奠定了雄厚的经济基础。

曹操是中国文学史上开一代风气的人物，受曹操父子的影响和鼓励，出现了勃勃生机的"建安文学"，用宋代严羽的话说，它是"全在气象，不可寻枝摘叶"，这就是后世津津乐道的"建安风骨"。

当然，对于曹操的罪恶，史籍昭昭，想回避也回避不了，如他纵兵屠彭城、邺城、柳城等，制造了许多滔天惨案；他还处死了很多当时知名的知识分子，比如孔融、杨修；因"衣带诏"事件泄露，他下令处死伏皇后及其兄弟宗族百余人，鸩杀皇后的两位皇子；金祎谋反案发生之后，曹操将主谋数人夷灭三族，并且借题发挥，将中央朝廷的百官驱赶到邺城，全部诛杀。曹操的行径，即便不用当今的标准，就是与同时代的政治家，如刘备、诸葛亮相比，他的残暴、反复无常也是非常突出的，这一点也是要讲清楚的。

气量狭小的世祖曹丕

建安二十五年（延康元年，即220年。建安和延康都是汉献帝的年号。曹丕受禅后改元黄初）正月，魏国的创始人、魏王、汉丞相曹操突然在洛阳病逝，当时曹丕在邺城，臧霸所部青州兵以为天下将乱，发生哗变，魏国的局势剧烈动荡。三十四岁的曹丕顿感惊慌失措，后来他有诗描述当时的心情："嗟我白发，生一何早。长吟永叹，怀我圣考。"不过，曹丕毕竟是一位有为的帝王，他很快稳定了局势。在魏国文武大臣的拥戴下，这年十月，曹丕就取代汉献帝做了皇帝，史称世祖文皇帝。

曹丕是一位文武兼备的学霸型人才。他出生于汉灵帝中平四年（187年），出生的第二年，曹操担任西园八校尉中的典军校尉，这一年曹操三十二岁。魏文帝曹丕是曹操的次子，本来没有资格继承王位，只是曹操的长子战死了，曹丕的地位才重要起来。根据《三国志》的记载，曹操有二十五个儿子，不过这里面，对曹丕真正构成威胁的只有曹冲和曹植，曹冲出生在汉献帝建安元年（196年），曹植出生在汉献帝初平三年（192年），曹丕年长曹冲九岁，年长曹植五岁。"曹冲称象"的故事大家都熟悉，曹冲早慧、聪明、仁爱，但建安十三年（208年），年仅十三岁的曹冲死了，曹丕后来承认"如果曹冲还活着是轮不着我做皇帝的"。

曹植也很优秀，诗文俱佳，很得时人赞誉。

曹操很长时间在曹植和曹丕之间举棋不定，后来因为曹植的文人习气太重，不具备政治家的素养，曹操才最后选定了曹丕，在曹操被封为魏王一年半后，即建安二十二年（217年），曹丕被定为魏王世子。

曹丕自幼读《诗经》《论语》《史记》《汉书》，他的文学天赋很高，按今天的标准来看，绝对是超级"学霸"级别的，他自己写的诗赋有六十多篇，一篇《典论》才华横溢，千古流传。《典论·论文》有几句经典名句："盖文章经国之大业，不朽之盛事"，"年寿有时而尽，未若文章之无穷"。中国历史上把文章提到"经国大业"高度的，曹丕是第一人。

据说他还武功超群，曹丕在自己撰述的《典论·自叙》中说，他五岁就学射箭骑马、随父亲出征，练就了箭不虚发的本领，他又擅长击剑，曾与身经百战的战将交手，好像还占了上风。虽然曹丕的自述或许有夸饰的成分，但后世大多认为曹氏父子文武兼备，如"曹操曹丕，上马横槊，下马赋诗"。

曹丕被立为太子的决定性因素，一是因为年长；二是他有政治能力，身边有一些大臣支持他；更重要的是与曹植相比，他理性而有政治手段。不过，在曹操为选择接班人百般为难的日子里，曹丕也受到了长时间的煎熬，在很多时候心里忐忑不安，比如他的诗句里常有"漫漫秋夜长""西北有浮云""郁郁多悲思"等。被立为太子的那一天，他掩饰不住心中的狂喜，抱住大臣辛毗说："辛君，你知道我狂喜的心情吗？"面对未来的国君，辛毗反而心生忧虑：国君执掌国家的命运，职责重大，这样轻浮的表现难道预示着魏国的国运不昌盛吗？

曹丕还是位气量狭小的帝王。

据说《七步诗》就是兄弟二人争王储之位时，曹植的悲愤之作："煮豆燃豆萁，豆在釜中泣。本是同根生，相煎何太急。"这故事并非出自《三国志》，而是出自在二百年后成书的《世说新语》中，《三国演义》又做了进一步的演绎，说曹丕逼曹植以"兄弟"为题作诗，却不许带"兄弟"二字。

曹丕像

可能是"学霸"的通病,曹丕的情商不高,格局不大,对以往得罪过他的人总是难以释怀,伺机报复,这个毛病对一般人来说也许影响不大,但对于一个帝王来说,尤其是像曹丕这样的开国君主来说,就是致命的弱点了。

曹丕的刻薄寡恩,首先表现在对待手足兄弟上。曹丕称帝以后,朝廷对宗室颇多猜忌,令同姓王公不知所措。他们名义上是王公,实际上毫无权力,甚至人身自由都没有,形同囚犯。魏文帝黄初四年(223年)五月,曹植、曹彰、曹彪获准上京。待了两个月,曹丕迟迟不露面,让兄弟三人百般猜测、坐卧不宁,其后曹彰突然病死。

曹植的晚景也很凄凉,他受封为陈王,手下只有老弱病残二百余人,还要防着皇帝的猜忌,战战兢兢度过了一生。

曹丕对得罪过他的大臣,肆意打击报复。鲍勋是鲍信的儿子,鲍信是当时反董卓诸侯中的重要人物,也是曹操起兵时的重要盟友,曹操能得到兖州的地盘,与鲍信的鼎力支持有关,可以说鲍信是曹操患难与共的知己,是曹魏政权的元勋。鲍勋为人正直,在同事中威信很高。曹操在世时,鲍勋曾任司法官员,当时曹丕是"五官中郎将",这个官职可不简单,曹操是丞相,五官中郎将是副丞相,也是曹操事实上的继承人。正巧,曹丕郭夫人的弟弟犯事儿了,鲍勋受命审理这个案子,曹丕为妻舅求情,但是鲍勋依法办事,没给曹丕这个"王储"面子。

曹丕当上皇帝后,鲍勋还是多次犯颜直谏。按说,朝中

曹彰是曹操与卞夫人所生第二子、魏文帝曹丕之弟、陈王曹植之兄。因胡须黄色,被曹操称为"黄须儿"。他孔武有力,据说少年时能赤膊搏虎、徒手伏象,很受曹操器重喜爱。曹彰曾率军征讨乌桓,亲自上阵,大败乌桓军。关于曹彰的死,历来有些猜测,尽管《三国志》只记载"疾薨于邸",就是说因突发疾病在家里去世,可后世有各种传言,有的说是一场阴谋,有的说因为当了皇帝的兄长故意冷落、避而不见,这位性情直爽、能征善战的曹彰"愤怒暴毙"。

有直臣，是国家之福，可是曹丕没有这么大的度量，总想找个机会治治鲍勋。曹丕在征讨东吴时，鲍勋也在军中，是执掌司法和军纪的主官。陈留太守孙邕，是鲍勋的老朋友，孙邕见过皇帝后，顺便来看望鲍勋。当时军队刚刚驻扎下来，营垒还没有正式做成，只是刚立了界标。孙邕图方便抄小道，穿过了营垒的范围，按当时的规定，他触犯了军法，当然也不是什么了不起的大罪。军中将情况报给鲍勋，鲍勋不想追究此事：营垒还没正式做好，就不要将此事上报了。不知怎么，此事让曹丕知道了，曹丕勃然大怒，下发司法官员讨论，有官员说判刑五年，有官员认为这事只是罚金就可以了。曹丕大怒："你们徇私枉法，这是死罪。"

这事太过分了，一点小事居然要判死刑，而且还要牵连鲍勋。朝廷的高官显要，包括钟繇、华歆、陈群、高柔，纷纷为鲍勋求情，上疏说请看在鲍信曾为朝廷立过汗马功劳的分上，放过鲍勋，但曹丕不准。主管司法的最高官员高柔，拒绝服从曹丕，曹丕竟然调开高柔，不经过完整的司法程序就杀了鲍勋。

此事极为恶劣，曹丕不仅徇私报复，而且作为国家的最高统治者，公然破坏国家法律，这一行为在朝野之中造成的恶劣影响可想而知。

曹丕还有一个不好的品质就是喜欢羞辱大臣。比如，曹操有个部下叫王忠，在东汉时担任亭长，这是基层官员，相当于现在的乡镇派出所所长兼邮政局局长。因为当时天下大乱、粮食匮乏，这位基层官员也没有饭吃，在情急之下，曾以腐肉充饥。其后，王忠率领一千余人的队伍投奔曹操，当上了中郎将，随从曹操东征西讨，屡立战功。他早年干过的那些为人不齿的事，不知怎么让曹丕知道了，曹丕就找了一具马骷髅挂在王忠脖子上取笑，这个玩笑开得有点不仁义，王忠对这位主公的儿子，也只能敢怒不敢言。

曹丕对待宿将于禁的态度就更不合适了。当年关羽水淹七军，俘虏了于禁和庞德，庞德不屈而就义，于禁则投降了关羽。其后关羽被东吴打败，于禁又被送到东吴，后来东吴称臣于曹丕，送于禁返回曹魏故国。此时，因屡受磨难，于禁已是须发皆白、形容憔悴。曹丕见到于禁，表面上加以抚慰，任命为安远将军，还说要以他为使者，出使东吴。出使前，先令于禁拜谒曹操高陵，在高陵的壁画中描绘了关羽打败魏军，庞德不屈而死、于禁乞降的画面，于禁受到了强烈刺激，一病不起，不久死去。在这个事件中，曹丕的做法很奇怪，他没有当面斥责于禁，而是采用羞辱的办法来整治于禁，按照现在的说法，曹丕的为人有点"阴"。

曹操用人不拘一格，"唯才是举"的精神，到曹丕在位时就有了变化。杨沛在曹操和曹丕两代的不同机遇，很说明这种变化。杨沛执法公正，不徇私情，在地方官任上并有政绩，一再为曹操称赞。曹操听到邺城官吏执法不严，豪强侵夺小民，任命杨沛为邺令，曹魏宗室曹洪、豪强刘勋等知道了便警告家中后辈，各自收敛。这样一位严吏、能吏，在曹丕时代却不被重用,以致生活困顿,"妻子冻馁"。

九品官人法,是在曹丕已继承王位还未称帝的汉献帝延康元年制定的,制定的人是陈群。

九品中正制的实施、曹氏宗族和重臣的实际际遇,反映了曹丕统治下政局狭隘、猜忌的情况,已与曹操时期相当开朗的色彩大不相同了。

曹丕是魏国的开国之君,又是曹魏集团的二代主——守成之主。在位的六年时间里,他做了几件大事,有的功业还对中国历史产生了深远的影响。

第一件大事,是顺利完成了东汉皇权和曹魏皇权的平稳交接。曹丕受禅时,三国鼎立的局面已经初步定型,曹魏代汉的局面已呼之欲出。汉献帝五次下诏,将皇位禅让于曹丕,曹魏群臣也纷纷劝进达十七次之多,曹丕谦让回绝达十八次。在表面文章做足之后,汉献帝延康元年(220年)十月,曹丕在繁阳亭代汉自立,在受禅台举行了隆重的受禅大典,即皇帝位,改元黄初。

曹魏禅代看似平静,其实暗流涌动,曹魏政权面临着来自各方的怀疑和敌视。汉帝虽然被赶下了政治舞台,但汉朝影响犹在,在曹丕受禅仪式上,相国华歆、尚书令陈群当众面露不悦之色,曹魏大臣、刘氏宗室刘晔也认为,曹魏代汉虽然得到了少数政治精英的拥护,但广大民众并不认可。甚至连曹氏家族内部亦有人坚决反对,曹丕之妹是汉献帝的皇后,就坚决反对其兄代汉。

> 九品官人法和中正制,实质是汉末月旦评的延续,只是月旦评是社会舆论,九品官人法是官家评定。主持月旦评的人和中正官大多是世家大族的名士人物,两者是一样的。到了西晋时代,在九品官人法和中正品评人物的制度下,如刘毅所说,已经是"上品无寒门,下品无世族",造成了社会阶层向上流动的困难。

上尊号碑,又名劝进碑,为臣下恳请曹丕即位的奏书石刻。

另外,曹丕受禅后,不仅蜀汉强烈反对,声讨曹丕篡汉的罪行,甚至一些地方割据势力,也不认同曹魏是天下正朔之所在。

为了稳定局势,曹丕做了很多工作。首先,优待汉室。汉献帝逊位后,虽然只是个"山阳公",待遇却高于诸侯王,特别是仍然享有祭天的政治特权。祭天是皇帝的专权,曹丕赋予汉献帝祭天的权力,就是认同汉献帝仍然拥有天子的政治象征地位。曹丕礼遇汉献帝,是为了削减汉皇族、遗民对新政权的敌意。

要使天下万民认可一个新生王朝,还要得到世家大族代表人物的支持和拥戴,在世家大族拥有重要地位的汉魏时代,这一点尤其重要。汉魏禅代之后,曹丕除了在国内普通民众中进行收拢人心的工作外,更主要的是积极拉拢和优待在当时社会上具有极大影响的精英人士,其中以对杨彪的态度最具代表性。杨彪出身于世家大族,门生故吏遍布天下,在官场和士大夫中具有不可取代的号召力。曹操时代,对杨彪极尽打压,甚至杀了杨彪的儿子杨修。杨彪有着浓厚的遗老情结,对新政权难以接受。曹丕加之以高位,以太尉之职相授,杨彪不为所动,弦外之音是"耻为魏臣"。贵为天子的曹丕竟然碰壁,心中不悦,但碍于杨彪的高名盛誉,曹丕依旧对其敬重有加。曹丕对杨彪及其他世家大族的重用和拉拢,起了很大作用,使世家大族采取了与曹魏政权合作的态度。

经过曹丕卓有成效的努力,汉魏禅代后的局面很快稳定下来。

第二件大事是征讨东吴,试图完成统一大业。在曹丕代汉时,孙吴和蜀汉关系破裂,两国爆发了"猇亭之战",在战争即将爆发时,孙权采取了联合曹魏对付刘备的策略,向曹丕称臣,曹丕委任孙权为"吴王",当时就有大臣提出建议:吴蜀争战,为曹魏统一提供了千载难逢的契机,应该联弱击强。吴蜀两国,吴强蜀弱,如果打败吴国,蜀必不能自存。但当时,曹丕处于代汉的关键时期,孙权的称臣对于曹魏确立政治合法性至关重要,所以,曹丕接受了孙权的称臣,但又在吴蜀相争的战争中采取了坐山观虎斗的策略,既不助吴,也不助蜀。待到东吴战胜蜀汉后,黄初三年(222年),曹丕要求孙权将吴王世子送到洛阳为人质,孙权当然拒绝,于是脆弱的魏吴联盟宣告破裂。曹丕于黄初三年至六年(222年—225年)之间,连续向孙吴发起了三次大规模进攻。第一次战役,曹丕大发兵众,分三路发动进攻,战役最后在次年(223年)三月结束,曹丕声称各路人马都获得大胜。其实,曹丕诏书所言之战绩与实际情况有不小的出入,吴军以朱桓为将,以少敌众,应对得当,曹仁损兵折将后被迫撤退,曹丕诏书所称胜利实属伪饰。

第一次战役之后,曹丕经过年余的休整,在黄初五年(224年)、六年(225年)连续向孙吴发起进攻,自己亲率大军两度抵达广陵(今江苏扬州市),但都无功而返。由于

> 汉魏禅代创造了以最低成本实现政权转移的方式,以效法尧舜禅让、君位让贤的形式,最终解决了权臣如何取代前朝皇帝、实现政权转移的难题,曹魏代汉是中国历史上第一次成功的禅代,是一次了不起的创举。此例一开,后代西晋,南朝宋、齐、梁、陈,北朝的北齐、北周,以及隋、唐都效仿这种办法实现政权的交接。

不敢渡江决战，曹丕也被后世史家评为"临戎不武"。曹丕的征吴之役耗费了大量人力资财，但却未能实现消灭吴军主力、占领江东的目的。

征吴战争的失利，说明统一的时机远未成熟。魏国虽然在领土、人口上占有优势，但仍不足以打破三国鼎立的政治格局。

黄初七年（226年）五月，曹丕于洛阳嘉福殿崩逝，享年四十岁，遗诏以中军大将军曹真、镇东大将军陈群、征东大将军曹休、抚军大将军司马懿为辅政四大臣，辅佐新君曹叡。

盖棺定论，陈寿在《三国志》中的评价很有代表性，他说：魏文帝天资很高，下笔成章，博闻强识，文武兼备，如果加上豁达大度、为政公平之道，就可称为一代贤明之君了。

有类秦皇汉武的烈祖曹叡

黄初七年（226年）五月，在魏文帝曹丕病危的情况下，二十一岁的曹叡紧急被文帝立为皇太子。当月，曹丕病逝，曹叡即位，是为烈祖明皇帝。

曹叡的青年时代颇多抑郁。

建安九年（204年），曹操攻破袁绍大本营邺城，曹丕纳袁熙夫人甄氏为妻，不久生下了曹叡。曹叡从小相貌俊美，早慧。祖父曹操对此十分惊异而倍加喜爱，常令他伴随左右。

一开始，曹丕对甄氏宠幸有加，两人生下了曹叡和东乡公主。但建安十九年（214年）曹丕娶了郭氏，黄初元年（220年）正月，曹丕登上皇位后，又娶了汉献帝的两个女儿。甄氏受到冷落，被留在远离政治中心的邺城，自然有所抱怨，这惹怒了曹丕，第二年，甄氏被曹丕赐死，据说死状极惨，这一年曹叡十五岁。

亲生母亲被生父赐死，对曹叡的刺激可想而知，但曹丕又不是普通人家的父亲，他还是魏国的最高统治者，所以，曹叡即便有怨恨也不敢流露出来。由于母亲被杀事件的牵连，曹叡由齐公降为平原侯。黄初三年（222年）三月，曹叡又很快被立为平原王，后来曹丕下诏将曹叡过继给郭皇后为子。甄氏之死，与郭皇后得宠有很大关系，现在已经成年的曹叡又被父亲指定为郭氏之子，曹叡心里的压抑和愤怒可以推想得到。但是，事已至此，深宫之内极其险恶，曹叡也只能接受现实，他开始刻意讨好郭氏，每日早晚都往皇后宫中定省问安，郭皇后也因自己无子，对曹叡慈爱有加。

曹叡怨恨抑郁的心态，有时也会表现出来。据裴松之引《魏末传》载，曹叡一次随曹丕狩猎，见到母子两鹿。文帝

甄氏是今天河北无极县人，远祖甄邯在西汉哀帝时做过太保的高官。甄氏的家族绵延不绝，无极县现在还有甄氏墓群。史上有说法，曹操和曹丕父子两人都看上了袁绍儿子袁熙的夫人甄氏，甄氏美艳迷人，在曹操打下邺城后，曹丕捷足先登，得到了甄氏。还有传说，曹植也喜欢甄氏，有名的《洛神赋》就是为甄氏所写，不过这个传说可能靠不住，因为曹操打下邺城时是建安九年（204年），曹植只有十二岁，还是个懵懂少年。

东晋顾恺之绘《洛神赋图》（局部）

射杀了母鹿,命令曹叡射杀子鹿,曹叡不从,说:"陛下已经杀掉了母鹿,臣实在不忍心再杀掉它的孩子。"说完哭泣不已。文帝于是放下弓箭,深有所思。

曹叡曾是曹操喜爱的长孙,却因生母得罪父皇被赐死,父子关系紧张,得不到曹丕的信任。魏文帝认为曹叡心有不满,便想立徐姬所生的京兆王曹礼为嗣,因此久不立太子。曹叡在曹丕死前的最后一刻,才被立为太子。曹叡一生都无法忘怀母亲,登基后立刻追谥甄氏"文昭皇后",此后在位的十三年,几乎年年都祭奠生母,还对甄氏族人广加封赏。他即位后,时常向郭太后追问母亲去世的真相,逼得郭太后走投无路,说你可以向你死去的父亲报仇,难道还要为了生母杀死后母吗?最终忧虑而死。

母亲的惨死,使曹叡的青年时代充满了压抑、悲愤的色彩,据说他为人极端内向,不善言辞,还有口吃的毛病。在他登基以前,没有几个大臣见过他。当了皇帝后,侍中刘晔觐见皇帝,与曹叡就军国大事交谈了一整天,刘晔从宫中出来后,大臣们问他,你看当今皇帝是什么样的人呢?刘晔说:"有类秦始皇、汉武帝,才具稍微欠缺点而已。"

曹叡处事沉着、刚毅,明识善断,深谙制衡之道,即位不久就政由己出,强化了中央集权。曹丕对他不放心,临终时,便指定曹真、陈群、曹休、司马懿为辅政大臣。但曹叡即位后,却令曹真出镇关中,曹休出镇淮南,司马懿出镇宛城,令其停留都城的时间十分有限,有效降低了三人对中央朝政的影响力，使几个辅政大臣形同虚设。而曹休与曹真也在频繁的战事中相继去世。四位辅政大臣仅剩陈群一人未出都城，但并未掌握军权，因而对明帝的权力影响有限。通过以上策略，明帝巧妙地将四位辅政大臣中实力最强的三人调离中央，成功收揽权柄掌握大权。

史书上说魏明帝记忆力超强，左右的小官，只要见过，就能记住他的履历，在日理万机的皇帝中比较少见。他反应很快，能抓住事物的关键，不搞花架子，有相当的掌控能力，群臣还是比较佩服他的。

曹叡在勤政方面也可圈可点，他直接受理基层官吏和民众反映情况的上书，一个月之内可以处理数十件甚至上百件上书，这些上书出自文化程度不高的下级官员和普通民众，言辞简陋，语句不通，而且是刻写在竹简上的，读起来有难度。这个任务是很繁重的，可是曹叡从无倦怠。从这方面看，曹叡是一个勤勉的帝王，与秦始皇确实比较相似。

皇帝和各级官吏定期或不定期巡视监狱，对在押犯的情况进行审录，以防止冤狱，是中国古代监狱史和司法制度史上的一项重要制度，又称虑囚。曹叡也频繁地过问司法审判。曹叡在位期间，"每断大狱，常观临听之"，听讼、虑囚的事例特别多。汉律繁杂，曹叡针对如此繁杂的刑律条文，以及在执法中出现的弊病，命陈群、刘劭等人删约旧律，定为魏法，这对人民来说，是有好处的。

曹叡除紧握大权外，对具体事务还相当关心，对行政官

　　秦始皇每天必须处理的"文件"达一百二十斤，竟然超过三十万字。这真是惊人的阅读量！

吏严加督促。他曾亲至尚书台检查政务，命刘劭作《都官考课法》，作为考核官吏优劣的准则。这个法令后因曹叡去世而未施行，但也可看出曹叡对官吏督导之严格。

曹叡虽然对臣下严厉，但也能接受一些意见。因为大臣劝谏，减少了营造宫室的事。

在军事方面，他成功地应对了蜀汉与东吴的进攻。除派曹真、司马懿西拒诸葛亮，派满宠南击孙权外，又消灭了辽东公孙氏的割据势力，将辽东一带广大区域直接纳入了曹魏的统治。

《三国志·明帝纪》注引《魏书》评价明帝曹叡："行师动众，论决大事，谋臣将相咸服帝之大略。"群臣对于曹叡的大略和雄才还是相当佩服的。

曹叡实施"权法之治"，在"宰官治民"方面虽然也存在一些弊政，但他注重法制和吏治，依法管理官吏，基本上保证了当时政治的清明，应该予以肯定。

曹叡在位时期也有明显的弊政。首先是生活奢靡，大兴土木。史书上记载了曹叡修建楼堂馆所的举动，如建筑了高十余丈的太极诸殿，又兴建皇家园林，极尽精巧。在国家未完成统一、连年战争的情况下，曹叡为了自己的享受和皇家的面子，浪费国家资源，增加了人民的负担。

其次，为了搞皇家的"面子工程"，曹叡还驱使百官做"义务劳动"，让这些官员参加建造园林的工作，背土垒石。

曹叡也效法秦始皇，对负责工程营造的官员大搞酷虐的

"督责之术"，各种工程都有完工的期限，到了期限工程没有完成，负责的官员向曹叡汇报工程延期的原因，比方说连日阴雨，或是后勤不继等，往往是汇报的话音还没落，汇报的官员就已经身首异处了。这种督责太严苛了，以至于负责工程的官员只能层层加码，去苛责管理下的民众，造成了民众的极大痛苦，也使曹叡的施政带有明显的暴政色彩。

曹叡穷奢极欲，后宫的宫女就有近万人，在其中又选择了有文化的女官担任女尚书，负责协助曹叡处理政务，当曹叡在园林中游乐时，就由女尚书将政事传达进来，在齐王曹芳时期，魏明帝所留嫔妃仅才人尚余至少六十四位。

景初元年（237年），曹叡在北园游宴，诏妃嫔中才人以上者都参加宴饮，新得宠的郭氏请示曹叡，要不要通知一下皇后，曹叡不许，并禁止左右走漏消息。但天下没有不透风的墙，深宫之中肯定也有皇后的耳目，第二天皇后就知道了，她问曹叡："昨天的欢宴怎么样，极尽欢乐吧？"曹叡大怒，将左右侍奉的内官杀死数十人，并将皇后毛氏赐死。当年，父亲曹丕将曹叡母亲甄氏赐死，十七年后，曹叡又将自己的皇后赐死，这是对父亲的报复还是模仿呢？很难说得清楚。

勤于政事，事必躬亲，而又爱好广泛，耽于游宴，纵欲无度，刻意挥洒生命，过早透支身体的魏明帝曹叡，在三十四岁盛年时一病不起。虽然后宫过万人，嫔妃妻妾众多，但子嗣却稀少，长子曹囧出生两个月就夭折了，次子曹穆不到一岁也去世了，三子曹殷也早早亡故了。这样，曹叡只能在养子中选择接班人，被选中的是年仅八岁的养子齐王曹芳。八岁的皇帝，自然无法亲理朝政，必须假手辅政大臣。而辅政大臣的选择，又远比曹丕为曹叡选择辅政大臣时艰难，因为曹丕病重时，曹叡已经成年。曹叡选择辅政大臣，首先要有突出的行政能力，要有功勋，在群僚中要有威信、能够总统百官，关键是要无限忠于曹魏政权。

曹叡面对的政权结构，相比东汉已经有了很大的差别。在曹丕和曹叡当政的时候，处理国家事务主要依靠两类人，一类是将相重臣，如陈群、曹真、司马懿等，一类是秘书班子。东汉时由于外戚宦官交替干政亡了国，曹丕总结了历史教训，首先是限制了外戚的权力，群臣不得向太后奏事；第二是限制宗室王公的政治权力；第三是限制了宦官的权力，宦官的级别不得超过"署"，"署"相当于现在的司局级官员。

曹丕信任秘书，我们现在的各级政府里都有秘书，实际上，秘书这个职务很早就有了。曹丕时期最受信任的秘书是孙资和刘放，一个任中书令，一个任秘书监，都是执掌国家机密、参与最高决策的人物，魏明帝曹叡即位后，孙资和刘放依然受到信任和重用。

对于这样的权力结构，当时有一个大臣蒋济，就表示了担忧。其实，宗室集团、外戚集团、宦官集团、官僚集团是皇权的四个支柱，对朝政掌控能力比较强的皇帝，通常可以在这四种势力中游刃有余，保持平衡，而曹丕从制度上限制了宗室、外戚、宦官的权力，官僚集团就开始一枝独大、难以控制了。蒋济认为，近臣也就是秘书班子不能垄断信息、垄断决策权力，大臣也不能威势太大、侵犯皇权。

魏明帝曹叡在处理统治集团上层关系，维护皇权方面的失误较为显著。当他病重，需要拟定辅政班子时，这方面的隐患便彻底暴露出来。

魏明帝曹叡最初打算由自己的叔父，也就是燕王曹宇领衔组成辅政班子，曹宇任大将军，夏侯献、曹爽（曹真之子）、曹肇（曹休之子）、秦朗（曹操养子）等宗室组成辅政班子。随即，这个班子发生了剧烈的变化，陈寿的记载很简略，只是说先任命曹宇为大将军，随即罢免了曹宇，又任命曹爽为大将军。

裴松之注引《汉晋春秋》，则记载了这次变化的详细内容。辅政班子与秘书班子的冲突，源于宗室二代瞧不起这些秘书。一天，夏侯献、曹爽看到鸡飞到树上，就刻薄地说，鸡本来是在地上跑的，怎么飞到树上去了。他们的意思是暗指孙资、刘放这些秘书弄权，风光不了几天了。这些话传到孙资和刘放的耳朵里，他们害怕了，秘书本来既无显赫的军功，在朝内又没有深厚的根底，一旦皇帝去世，辅政大臣收拾他们易如反掌，于是他们就想乘着曹叡在世的时候，改变皇帝的决定。可是，自从曹叡病重以来，曹宇作为首席辅政大臣，片刻不离皇帝左右，这些秘书没有下手的机会。

一天，曹叡病情加重，曹宇离开曹叡病榻去招呼曹肇一起商量事情，皇帝身边只有曹爽在。刘放认为这是天赐良机，马上找孙资商量，大意是：一旦曹宇等人上位，我们将死无葬身之地。孙资大约还有些迟疑，说此时不可动。刘放说："死到临头，此时不搏更待何时。"于是，趁着曹叡清醒时，流着泪问曹叡："若陛下百年之后，天下托付谁人？"曹叡惊问："你不知道吗？燕王曹宇领衔辅政。"刘放说："陛下难道忘了先皇的诏敕吗？藩王不得参政。而且曹肇、秦朗这些人行为不端，陛下尚健在，他们就调戏陛下的妃嫔，大不敬；燕王还调兵宫禁，不让臣等近臣入宫，这是竖刁、赵高这些奸臣的所为啊！"曹叡大怒，问："谁可任首席辅政大臣呢？"刘放、孙资立刻推荐曹爽代替曹宇。

当时曹爽也正在魏明帝身边，曹叡问："由你领衔辅政班子，怎么样？"事情如此突然，曹爽汗流浃背，不敢回答。刘放踩着他的脚，教他说："臣誓死捍卫社稷。"随后，孙资和刘放建议，让司马懿帮着曹爽一起做辅政大臣。

魏明帝曹叡对于曹爽加司马懿的辅政班子并不放心，等孙资、刘放出去了，曹肇进宫，流泪劝说曹叡不要改变成命，曹叡又犹豫了，让曹肇通知口头诏令暂时不发；等到曹肇从曹叡那里出来，刘放、孙资又到曹叡跟前劝谏，曹叡又接受了他们的建议，孙资、刘放说口头诏令怕有变故，要写个手诏。曹叡说，我写不了字了，孙资竟然握着皇帝的手签了字。这样，曹爽、司马懿的辅政地位才算以国家政令的形式确定下来。

此前司马懿平定辽东后，燕王曹宇建言让司马懿到关中去对付蜀汉，不必回京复命。现在，既然定了让司马懿辅政，必须尽快召回，于是令司马懿赶快回到京城，到朝廷后无需通报，直接进宫见皇帝。三日之内，司马懿收到五个诏书。

司马懿知道皇帝快不行了，一路疾驰回到洛阳。魏明帝曹叡见到他说，我把少帝交给你了。明帝还让司马懿把曹芳抱起来，孩子还搂着司马懿的脖子，颇有依赖之意。当下，立曹芳为太子。当天，曹叡就撒手人寰了。

从表面看，司马懿的成功上位似乎只源于一次偶发事件，实际上，历史可能更加复杂。细阅当时的有关史实，我们可以发现魏明帝在辅政大臣的安排上实有不得已的苦衷，结局并非他所能控制，而是统治阶级上层激烈斗争的产物。有学者经过考证认为，魏明帝临死前突然更换宗室辅政大臣，且以司马懿"相参"，并非其本意，完全是世族代表刘放、孙资策划的一次阴谋政变。

政归司马氏

魏明帝曹叡死后,齐王曹芳即位。曹芳为明帝养子,据《魏氏春秋》记载,曹芳可能是任城王曹楷的儿子、曹彰的孙子、曹操的曾孙,但陈寿在《三国志》中没有采用这个说法,而是说"宫省事秘,莫有知其所由来者",就是说宫中的事情隐秘,齐王曹芳的身世经历谁也说不清楚。

曹芳即位时只有八岁,国家大事由大将军曹爽和太尉司马懿共同把持。

司马懿和曹爽

司马懿是儒家世族的代表人物。

对于读过《三国演义》的人来说,司马懿这个名字还是非常熟悉的,但《三国演义》对司马懿的家世经历讲述得太简略,以至于我们除了认为他是一个城府极深的"老狐狸"外,很少有其他的印象了,其实要想读懂三国后半段的历史,就不能不深入地重新认识一下司马懿。

司马懿,字仲达,东汉河内郡温县孝敬里(今河南焦作温县）人。

司马懿的父亲司马防有八个儿子，在当时都很著名，号为"八达"，司马懿是老二。司马防家教很严，八个儿子成年后还是"不让进屋就不敢进屋，不让坐不敢随意就座，不问话不敢插话"，父子的关系，就像朝廷里的君臣一样，界限森严。

《三国志》里并没有司马懿的传记，司马懿的事迹散见于其他人的传记中。而唐代成书的《晋书》开篇第一篇就是司马懿的"宣帝纪"，这是把司马懿当成晋朝的开国皇帝来看待的。可是这篇"宣帝纪"却没有关于司马懿相貌的记载。三国时代重颜值，凡是相貌上说得过去的帝王将相都有记载，《三国志》里关于司马懿相貌的记载只是说他"狼顾"，就是说他身子不动，头可以转到后面，按照现在的科学常识这是不可能的，因为这样转动一百八十度谁的颈椎也受不了。这个说法可能只是为了强调司马懿是一个谨慎多疑的人，不过司马懿的性格底色中除了谨慎之外，还有决绝、狠辣的特色。

由于家世出身、本身的儒学修养，加上名士崔琰的赏识，司马懿声名鹊起，进而在声誉上超越成名更早的长兄司马朗。崔琰是曹操身边负责选拔人才的官员，相当于今天的组织部官员，可能是他向曹操推荐过司马懿，于是曹操就想把司马懿延揽到自己的幕府中，为曹氏集团效力。

司马懿是世族出身，起先他还瞧不起宦官家庭出身的曹

司马懿的高祖是东汉时的司马钧，曾任征西将军，在与羌族作战时，因触犯军律下狱自杀。到司马懿祖父司马儁时，其家族已开始转型为经学世家。司马儁身材魁梧"腰带十围"，身长八尺三寸（《中国度量衡史》将汉朝的一尺，认定为现在的23.6厘米，这样算下来司马儁有195.88厘米），倜傥有大度，博学好古，深得乡里宗族的拥戴，其家族在乡里社会已有了相当的威望。

操。他推说有风病（四肢僵直）不肯出山。

有一次，天下雨，外面晒着衣服，司马懿就起身收衣服，被他家的丫鬟看到了。司马懿害怕了：不是装作不能起床吗，怎么还能收衣服？他怕有人走漏消息，就杀了这个丫鬟。

曹操听说后认定司马懿出于政治对立而装病，就派人去刺杀司马懿。司马懿在刺客到来之前显然有所预料，就僵直地躺在床上一动不动，就像一个真的四肢麻痹症患者。刺客潜入司马懿的卧房见状没有杀他，回去将所见的情况禀告曹操，曹操才将信将疑地把擢用司马懿的事情放在一边。

到了曹操担任丞相后，不知是察觉了司马懿装病的真相还是以为司马懿已治好了病，又要擢用司马懿为文学掾（yuàn），并说如果司马懿再托病不出，就把他抓起来。使者当然把这话告诉了司马懿，司马懿害怕了，只得出山就职。

司马懿出山是建安十三年（208年）。这一年冬天爆发了三国史上三大战役之一的赤壁之战，比司马懿小两岁的诸葛亮在此战中一战成名天下知，而司马懿还是个默默无闻的文职人员，这段时间没有什么故事，在"宣帝纪"中也是空白，司马懿度过了平淡庸碌的青年时代。当时，群雄竞起的年代已经过去，天下大势已定，按照正常的逻辑司马懿也只能按部就班在官场里混事。

待到建安二十年（215年），曹操征张鲁时，司马懿终于有了露脸的机会,司马懿建言火速进兵西川,趁刘备立足未稳,一举拿下益州,曹操不听。此事,《三国志》记载的是曹操谋臣刘晔献此计,没司马懿什么事,《晋书·宣帝纪》将此事安到了司马懿头上,当然也不能排除两人提过同样的建议。此时,曹操的智囊团已经凋零(郭嘉、荀彧、荀攸均已故去),司马懿崭露头角,倒也正是时候。司马懿另一次献计是在关羽大败曹军、威震华夏时,曹操准备迁都,司马懿建言联合孙权,抄关羽的后路。曹操采纳了司马懿的建议,关羽败亡。从这两件事上看,司马懿很有战略眼光。

在争夺太子地位的过程中,曹丕最后战胜了曹植,建安二十二年(217年),曹丕为太子。司马懿在这场太子地位的争夺中,屡建奇策,立了大功,得到了曹丕的信任重用,与陈群、吴质、朱铄号称"四友"。此后,司马懿迁任太子中庶子,太子中庶子是相当于县令的低级官员,不过由于是太子的近臣,地位非常重要,这一年,司马懿三十八岁,他终于迎来了人生的开挂时刻。曹丕称帝后,司马懿进入了快速升迁通道,仅仅用了五年时间,他就出任抚军大将军加给事中录尚书事,成为曹魏重臣。这期间,司马懿杰出的军事才能得到了展现,尤其在讨平孟达的战役中,司马懿将急袭战术运用得神出鬼没。当时孟达想要反叛魏国归顺蜀汉,他在与诸葛亮的信中说,司马懿驻守的宛城(今河南南阳)距上庸(今湖北竹山一带)一千二百里,司马懿就是知道了消息,等他到了上庸,至少得一个月以后,那时我的城防已经牢固，他能奈我何。不料，仅仅八天，司马懿就率军一举赶到上庸，随即讨平孟达。在古代的交通和通信条件下，司马懿能够打造这样一支旋风部队，简直匪夷所思。

曹丕去世后，司马懿与陈群、曹真、曹休一起任辅政大臣。太和二年（228年），曹休死。太和五年（231年），曹真死。青龙四年（236年），陈群死。司马懿的地位逐渐突出。这以后的对蜀汉战事多由司马懿主持。景初二年（238年），司马懿讨平割据辽东的公孙渊，更提高了他在政治上和军事上的地位。

司马懿在曹魏地位的提高，引起了朝野内外对他忠诚度的怀疑。曹魏大臣高堂隆临死时告诫魏明帝曹叡，司马懿不可完全信任，应该让曹氏宗室诸王掌管军队，以防不测。曹叡对司马懿也有疑心，他临死前组成的辅政班子本来没有司马懿，后来在秘书班子的暗箱操作下，司马懿才与曹爽共同辅政。曹叡以曹爽任大将军，位在司马懿之上，这其实就是对司马懿的控制使用。

曹爽是曹真之子，曹魏宗室二代，能力很平庸。任大将军、首席辅政大臣后，他发动了针对蜀汉的战争，企图一举灭掉蜀汉，建立不世之功，不过，蜀汉在蒋琬、费祎和王平的主持下，大败魏军，曹爽立功不成反而损害了他在朝廷中的威望。

起初，曹爽与司马懿同为辅政大臣，曹爽对司马懿还算尊重。然而，他身边何晏、丁谧（mì）、桓范一班智囊人

> 司马懿的儿媳、司马师之妻夏侯氏早就看出了司马懿父子的野心，其后夏侯氏被司马懿父子设计毒死，说明了她对司马懿父子野心的看法是正确的。

物鼓动曹爽独掌大权，用加封太傅一招将司马懿挤出权力中枢。太傅位列上公，在名义上地位比太尉还高，荣宠无比，其实太尉执掌兵权，太傅等于退居二线，这是想逐步把司马懿从权力中枢排挤出去。

到了正始八年（247年），已经六十八岁的司马懿干脆称病不出。司马懿到底是真病还是装病，曹爽准备派心腹探个究竟。河南尹李胜赴任荆州刺史，动身前特向司马懿辞行。司马懿在两个侍女搀扶下颤颤巍巍出来见李胜，自称口渴，侍女给他盛了一碗粥，司马懿拿不住粥碗，粥洒了一身。李胜感动地说："今主尚幼，天下倚赖明公……何意尊体乃尔！"感慨之余，李胜不禁潸（shān）然泪下，又说自己要前往荆州上任，请司马懿指点一二。司马懿装作听不清，说："并州（今山西一带）近胡，好善为之。"李胜解释说不是并州，是荆州。司马懿又装起糊涂，言不达意，李胜只好匆匆告辞，回去向曹爽复命：司马懿快不行了。曹爽闻言大喜，于是放松了对司马懿的警惕。

其实，李胜走后，司马懿霍然而起，他哪有什么病，在装病方面，司马懿绝对是个"老戏骨"，演技高超。

骗过曹爽，司马懿与他的两个儿子司马师和司马昭策划于密室，在民间悄悄蓄养了三千死士，等待时机。

高平陵之变

高平陵是魏明帝曹叡的陵寝，在洛阳以南九十里。正始十年（249年）正月，皇帝曹芳拜谒高平陵。曹爽和他的弟弟中领军曹羲、武卫将军曹训等陪同前往。机会千载难逢，司马懿立刻行动，多年培养的死士三千人应召而至。司马懿一系的司徒高柔代行大将军曹爽的职权，占据了曹爽的军营。司马懿亲自率领太尉蒋济等，勒兵屯洛水浮桥，上奏太后陈述曹爽罪状。曹爽惊恐万状，束手就伏。事变突然，猝不及防，曹爽似乎毫无招架之力。但是，回放这段历史图景，可以发现，历史的天平曾两次倒向了曹爽。

一次是动身去高平陵之前，曹爽智囊大司农桓范提出，大将军兄弟掌管国家枢要、执掌军队，不能兄弟一起前往，一旦有变，城门关闭，将何以自处？曹爽毫不在意地拒绝了。如果按照桓范的建议，留下曹羲等掌管禁军，司马懿是没有机会发动政变的。

另一次更加关键。政变发生后，桓范当时留在洛阳城内，惊闻司马懿政变，诈开城门投奔曹爽。桓范建议，皇帝在我们手里，可以号令天下，应拥皇帝到许昌，号召天下勤

车骑出行图，出自东汉画像砖。画面右侧一辆三驾轺车，车中一尊者与一驭者，车前两排骑吏，每排四骑，皆手持兵刃。

王，声讨司马懿。曹爽如果听了桓范的话，司马懿的冒险政变很可能夭折，历史的走向就会大为不同。可惜，曹爽是个庸才，他派侍中许允、尚书陈泰去司马懿处探风声。司马懿指洛水为誓：曹爽犯了点错误，不过是免去官职而已。曹爽轻信了司马懿的话，幻想着当个富家翁，从此不问政事。桓范当场大哭："曹真一世英杰，为何生此犬子！"

曹爽低估了司马懿，他的富家翁是当不下去了。曹爽回到家里后，司马懿马上在曹爽宅邸四周起了高楼，并召集了八百人围住曹爽宅邸，监视曹爽的一举一动。曹爽百无聊赖，拿着弹弓到后花园射猎，楼上的人便大喊："故大将军到南边去了。"曹爽无奈只得回厅堂闲坐。不过，这样的监禁时光也没过几天。司马懿假借有人告发曹爽谋反，将曹爽、曹羲、曹训、何晏等诛杀，并株连三族。

曹爽的势力被清洗后，魏帝曹芳以司马懿为丞相，加九锡，司马懿固辞不受。此后，曹魏的军政大权被司马懿牢牢掌握。

淮南三叛

在司马氏与曹氏的权力斗争中，高平陵之变是关键的节点。这一回合决定了司马氏的胜利。司马懿把自己打扮成忠于曹魏的元老重臣，得到了司徒高柔和太尉蒋济的支持，在官僚集团中取得了对于曹爽集团的优势。但曹魏已经统治了几十年，朝野上下忠于曹魏的势力还很强大。嘉平三年（251

年），太尉、征东将军王凌于许昌拥立楚王曹彪，与洛阳朝廷对立。

司马懿获知王凌的谋划后，迅疾出兵，迫使王凌自杀，楚王曹彪被赐死。

这一年，七十二岁的司马懿也死了，其子司马师为抚军大将军录尚书事，代司马懿秉政，不久进位大将军。

嘉平六年（254年），司马师杀中书令李丰、太常夏侯玄、光禄大夫张缉。夏侯玄与曹爽是姑表兄弟，张缉是皇后的父亲。三人都与曹魏关系密切。

这一年，司马师废魏帝曹芳，另立高贵乡公曹髦（máo）为帝，改元正元。

正元二年（255年），镇东将军毌丘俭（毌丘是姓；毌guàn）、扬州刺史文钦起兵于寿春，讨司马师。毌丘俭战败被杀，夷三族；文钦南奔，降吴。平定毌丘俭后，司马师也患病身亡，朝政继续由司马师之弟司马昭把持。

甘露二年（257年），征东大将军诸葛诞反。司马昭带着皇帝东征，围寿春，诸葛诞被杀。

王凌、毌丘俭、诸葛诞三次发动对司马氏的斗争，都发生在淮南地区，历史上称为淮南三叛。经过这几个回合的斗争，忠于曹魏的内外势力大体被剪除干净。

> 三国时代，琅琊诸葛氏人才辈出。诸葛亮为蜀汉丞相，诸葛亮的兄长诸葛瑾和侄儿诸葛恪为东吴重臣，诸葛亮从弟诸葛诞为曹魏大臣。时人以"龙虎狗"比喻三兄弟，《世说新语·品藻》："诸葛瑾、弟亮及从弟诞，并有盛名，各在一国。于时以为'蜀得其龙，吴得其虎，魏得其狗'。"

曹魏的绝地反击

高贵乡公曹髦是曹丕的孙子，东海王曹霖的儿子。他代替齐王曹芳即位时只有十四岁。他即位后接见群臣，司马师问钟会："上，何如主也？"钟会对曰："才同陈思，武类太祖。"陈思王指曹植，文才出众，太祖指曹操，武略非凡，这个评价真不低。但这时，朝廷内外大都是拥护司马氏的人，曹魏大势已去。

甘露五年（260年）四月，这一年高贵乡公曹髦二十岁了，这个武略可比曹操的人再也不能容忍只做傀儡皇帝了，他决定孤注一掷与司马昭拼一拼。他召集近臣侍中王沈、尚书王经、散骑常侍王业，对他们说："司马昭之心路人皆知也，我不能坐等受辱，要讨平叛逆。"尚书王经劝他不要鲁莽行事，司马氏大权在握，朝廷都在他的掌握中，我们无兵可用、无将可遣，如何敌得过司马氏。曹髦把诏书摔在地上，决绝地说："决心已下，已抱必死之心。"近臣王沈、王业赶忙到司马昭处告密。

曹髦拔剑登车，率领侍卫、宫中奴隶数百人，鼓噪而出，头一阵遭遇司马昭的弟弟屯骑校尉司马伷（zhòu），司马伷的士兵不敢和皇帝对垒，一哄而散。第二阵遇到贾充，贾充的父亲贾逵是曹魏的大臣，贾充却是司马氏的死党。贾充的部下看到皇帝亲自出战，也不敢上前，帐下督成济问贾充："事情紧急，怎么办？"贾充回答："养兵千日，正为今日，还用问吗？"成济再问："要活的，还是要死的？"贾充回复："杀之。"得了贾充的话，成济壮了胆，一枪刺向当朝皇帝，刃从背出，曹髦当场毙命。

司马昭听到高贵乡公被杀，大惊失色："天下其谓我何！"

杀皇帝的罪犯是谁？司马昭？贾充？成济？总要找个替罪羊。成济一看要拿他开刀，狗急跳墙，一下蹿到房上，大骂司马昭，家丑都揭出来了。司马昭的士卒将成济射死，这场公然弑君的闹剧才勉强收场，但却难掩天下悠悠之口，司马氏的天下得来不那么光彩，六十年以后，司马昭的后代东晋明帝听了祖先的"创业史"，都羞愧难当，说："这样的天下，怎能长久呢？"

从曹髦的作为看，他有些勇气，比他的前任齐王曹芳多了些血性，但有勇无谋，所谓的"武类太祖"未免夸张。作为皇帝要剪除大权在握的权臣，只能智取，不可强攻。张让等宦官就是将何进骗进"省内"深宫，然后再结果了他；后世的北周皇帝宇文泰，也是事先不动声色，在权臣宇文护进宫之际将其处死。而曹魏末期的两位皇帝，齐王曹芳平庸到在高平陵之变中毫无作为，而高贵乡公曹髦看似勇猛，其实是无谋躁进之辈。所谓"时来天地皆同力，运去英雄不自由"，曹魏国势的衰败已不可逆转。

曹髦死后，司马昭又立了曹奂做皇帝，改元景元（260年），曹奂是曹操的孙子，燕王曹宇的儿子。此时，曹魏大势已去。司马氏取代曹魏已经是世人皆知的事了，所谓"司马昭之心路人皆知"就是说的当时的情势。到了曹奂咸熙二年（265年），司马昭的儿子司马炎废掉曹魏最后一位皇帝元帝曹奂，曹魏灭亡。曹魏是三国时第二个亡国的国家，国祚四十五年。

司马懿与曹操不同，他只是曹魏政权体制内的高级官员，并没有自己的地盘和队伍，他为什么能够颠覆处于上升时期的曹魏政权呢？这是我们读完历史故事后，需要掩卷深思的问题。

曹操施政的主要特色是崇尚法家，厉行专制之道，魏明帝曹叡的施政之道与曹操一脉相承。对于魏明帝的为政苛刻、滥用民力、大兴土木，当时的儒学朝臣深感忧虑，并进行了激烈的抗议，形成了一股批判思潮，这是汉末"党锢之祸"后，出现的士大夫批判君权的又一次高潮。儒学朝臣直接批评的是明帝的生活腐化，但深层的隔阂则在于儒学世族与曹魏统治者在统治原则上的对立。

出身宦官家族的魏氏三祖，在思想行为上也与儒家世族格格不入。曹操"为人佻易无威重，好音乐，常以日达夕"——不仅不遵礼法，而且是个音乐发烧友。曹丕虽然性格较为深沉，善于矫情伪饰，但仍然时时表现出任情放荡的性格特征，建安七子之一的王粲去世了，曹丕说："王粲生前喜欢听驴叫，我们每人学一声驴叫为他送行吧。"当时曹丕尚未立为太子，他一点不怕舆论的压力，随心所欲地表达情感，几乎将肃穆的丧葬仪式变成了游戏，有点像现在的行为艺术家。

儒家礼法制度尤重婚姻。汉代以来，世族社会婚姻重门

王粲，东汉末年文学家，建安七子之一，又与曹植合称"曹王"。

第阀阅，也就是说非常讲究门当户对。与此相反，魏氏三祖在婚姻观念上与儒学世族大不相同，根本不拘泥于儒家礼法教条，世人讥评"魏氏好立贱"，曹操的王后卞氏是歌伎出身，魏明帝曹叡的皇后毛氏是手工业工人家庭出身，身世寒微，当时的名士夏侯玄以与之同列为耻。

曹丕和曹叡在儒家根本理念"仁""孝"方面的表现更加出格，曹操去世当年，曹丕就举行大型宴会，曹叡更加离奇，曹丕下葬时，曹叡作为孝子又是皇位继承人，竟然以暑热为由不去参加葬礼。

在儒家看来，统治者不只是政治领域的领导者，而且也还是道德领域的典范。一个政权要想长久地维持下去，不只需要政治权威的建立，更需要道德权威的建立。儒家世族认为魏氏三祖的行为不符合儒家道德规范，于是生出游离心态，他们在思考着如何改弦更张，曹魏统治陷入了深层的危机之中，不少儒学朝臣开始寻找他们新的政治代理人，他们将希望寄托在儒家世族出身的司马懿身上，所以，司马懿发动政变时能得到许多朝廷高官的支持和参与。

在古代，政治家的寿命长短，常常意味着政治生命的长短，从而影响到政治变化的进程。司马懿是个"超长待机"的政治家，他发动高平陵政变时已年届七旬，他的弟弟司马孚更长寿，活了九十三岁，晋代魏以后才去世。司马氏家族的长寿与曹氏宗室的短命形成了鲜明的对比，曹丕享年四十岁、曹叡只活了三十四岁，曹真四十七岁、曹休五十五岁。

曹丕当政之际，曹氏家族人才辈出，在政治上占有绝对优势的地位，而此时的司马氏家族，尽管存在与曹氏皇族对抗的强大潜力，毕竟没有掌控国家的军事实权。但人算不如天算。曹氏家族之人，包括夏侯氏家族，竟然没有一个重量级的政治家活到与司马懿同样的高龄，这就造成了曹氏家族后代政治权威不再。加上曹叡选择的继承人齐王曹芳和首席辅政大臣曹爽平庸无能，这就更加为司马懿夺取曹魏政权提供了便利。所以说，历史上的关键性人物与关键性事件，往往可起到左右历史发展方向的作用。

两汉的余脉
——读《蜀书》，说蜀汉

刘备是汉朝宗室，以"兴复汉室"起家，不过他起兵时力量弱小，经过多年的奋斗，才在蜀中立足。刘备是蜀汉的开国皇帝，建立的政权称"汉"，宣称是继承了汉高祖和光武帝，不过在三国鼎立时，曹魏就称刘备的政权为"蜀"，《三国志》又将刘备政权的史事记载在《蜀书》中，因此，后世将刘备的政权称为"蜀汉"。刘备于184年起兵，221年称帝，223年去世，去世时已经六十三岁，只当了不足三年皇帝，创业的过程却长达三十七年，比汉高祖刘邦和光武帝刘秀艰难了许多（汉高祖从起兵到称帝只用了七年，当了七年皇帝，去世时六十一岁；光武帝从起兵到称帝用了三年多，创业过程总计十四年，当了三十一年皇帝，去世时六十二岁）。

 # 刘备的创业

出身：世上本无刘皇叔

刘备的谥号是"昭烈帝"，没有庙号。十六国时期的匈奴首领刘渊宣称自己是汉家皇室后代，建了一个"汉"国，还将刘备与刘邦（汉高祖）、刘秀（汉光武帝）一起尊为"三祖"，给他上了一个庙号为"烈祖"。刘渊建立的这个乱世中的小国本身就不是正统王朝，其所追尊的刘备庙号，后世很少有人提及。《三国志》则称刘备为"先主"。

刘备在后世的名声远不如他的几名臣下。关羽在后世被尊为"关帝"，关帝庙一度遍及全国各地。诸葛武侯的名气也很显赫，刘备死后安葬的"惠陵"就静静地躺在成都武侯祠内，不过许多旅游者只知道武侯祠，不知道"惠陵"。由于《三国演义》的流传，大家都知道刘备是汉献帝的"叔叔"，尊称"刘皇叔"。可惜，"刘皇叔"这个说法也不怎么靠谱。

刘备是西汉景帝的儿子中山靖王刘胜的后代。中山靖王名气很大，原因是1968年他和王后的墓葬在河北满城（今河

金缕玉衣

北保定满城区）被发现了，两座墓葬出土了两件金缕玉衣和金、银、铜、铁、玉、石、陶、漆等文物上万件，震惊了考古学界。

公元前127年，汉武帝在主父偃的建议下推行"推恩令"，将诸侯王庶子分封为列侯，削弱诸侯王的实力。在这样的情况下，刘胜第五子刘贞得以封陆城侯。公元前112年，汉武帝又开始"酎（lèi）金夺爵"，以王侯进贡用于祭祀的

长信宫灯

117

黄金成色不好为由，"王削县，侯免国"，一次性被夺爵的就有上百人，而刘贞就是其中之一。从那以后，刘贞和他的子孙都成了普通百姓，落户在涿县。刘备即是刘贞一系，刘贞以后的世系就不清楚了，直到刘雄，也就是刘备的祖父，才有确切的记载。《三国演义》编造出了刘备的族谱，说刘备是汉景帝的第十八代玄孙，其祖上在刘雄以前都有侯爵封号，刘备还比汉献帝高一辈，因此被尊称"皇叔"，这个说法站不住脚。因为刘备的世系虽然不清楚，但汉献帝的世系是清楚的。汉景帝以后有八位皇帝，汉哀帝和汉平帝是平辈，都是汉元帝的孙辈，这样就只有七代人，东汉光武帝刘秀传到汉献帝，其间有兄弟相承的情况，所以也只有七代人，汉献帝是汉景帝的第十四代玄孙。这样算下来，如果按《三国演义》的说法，刘备的辈分比汉献帝还低了五辈，所以这个族谱编造得有点离谱。再说，皇权时代，哪里有"皇叔"一说，皇帝的叔叔也是臣子，"刘皇叔"只是小说和戏文里的说法，世上本无刘皇叔。

刘雄和刘备的父亲刘弘都做过州郡的官员，刘弘还做过东郡范县的县令。不过，刘弘可能很早就去世了，所以历史记载，刘备"少孤"。父亲去世后，家境窘迫，刘备与母亲一起"贩履织席为业"。在两汉，从事工商业的人社会地位不高，工商业者的后代都不能称为"良家子"。不过这段经历给了刘备很大的磨炼，他接触到了社会的底层，以后他能够不怕失败、不惧挫折，与这种经历可能有关。那么刘备有

> 刘胜是汉景帝十四个儿子中的一个，与雄才大略的汉武帝是同父异母的兄弟，汉武帝刘彻的母亲是王皇后，刘胜的母亲是贾夫人，因此，汉武帝刘彻是景帝的嫡子，刘胜是庶子。刘胜当了四十三年中山王，生了一百二十多个儿子。

没有做过沿街叫卖的小商贩呢？我们也来推理一番。

刘备十五岁时，他母亲把他送到大儒卢植那里学习。卢植是经学大师马融的弟子，与另一经学大师郑玄是同学。与马融和郑玄不同，卢植不是一个只能寻章摘句的学者，他性格刚毅，有济世救民的大志，曾以北中郎将的官职领兵与黄巾军作战，是一个文武兼备的人物。在东汉，一般的下层民众是不会有财力和人脉资源把孩子送到这样的大学者门下学习的。刘备的母亲做到了，说明她见识很高，当然也应该有刘备父祖留下来的社会关系的加持。在卢植门下学习的这段经历，对刘备应该是至关重要的。卢植的刚毅性格和政治抱负，必然曾给刘备以影响。在卢植的门下还有一个著名人物公孙瓒，他日后是汉末诸侯之一，成名远远早于刘备，曾给了刘备很多助力；同学中，还有刘备的同族刘德然，刘德然的父亲刘元起很看好刘备，常常资助他。刘备喜怒不形于色，少言寡语，虽然在卢植门下读书，但他生性不喜欢读书，喜欢狗、马、漂亮的衣服。从以上信息推断，刘备应该不至于穷困到去做影响名声的小商贩。

刘备所在的涿郡属于幽州。幽州与鲜卑、乌桓等游牧民族邻接，由于不断受到游牧部族贵族的掠夺，为了保护家园，人们普遍弓马娴熟、富于战斗力。刘备喜好结交当地的豪侠，当地的少年侠士争相归附刘备，时人都称誉他的"武勇"，中山国的大商人张世平、苏双到涿县贩马，觉得刘备非同常人，以金钱资助他，刘备就用这些钱财壮大了自己的

> 《三国志》记载："先主……身长七尺五寸，垂手下膝，顾自见其耳。"古代人受"天命论"的影响，认为当帝王的人与常人不同，相信所谓的"天生异象"。身长七尺五寸，按现在的算法接近1.8米，还算可信；两手过膝，耳朵大得连自己的眼睛都能看到，这就不甚可信了。我们在读史的时候也要认真思考、分辨真伪。

势力。可以说，刘备在起兵以前已是有些名望的当地豪侠领袖。

史书上还记载了刘备早年的一件轶事：刘备家附近有一棵大桑树长得极其茂盛，张开的巨大树冠像一个大大的羽盖，当地的人都说这个树长得非同一般，此处必出贵人。刘备与同年的孩子一起玩，说："吾必当乘此'羽葆盖车'。"当时只有皇帝才有资格乘坐"羽葆盖车"，其他人擅自制作乘坐了叫作"僭越"，是犯了大罪，据说他的叔叔听到后吓得不轻，说"汝勿妄语，灭吾门也"。

起步：涿县起兵

刘备创业的第一步，是在涿县起兵。刘备组建了一个精干的团队，其中就有关羽和张飞。

关羽，字云长，本字长生，河东解（今属山西运城市；解读xiè，或按当地方言读作hài）人，因亡命而奔涿郡，被刘备收留；张飞，字益德（依《三国志》），或作翼德（依《华阳国志》），与刘备同为涿郡人。关羽、张飞因"武勇"，而做了刘备的贴身侍卫，与刘备形影不离。至于三个人的年龄，可以确定的是关羽年长于张飞；清代《楹联丛话》引《关侯祖墓碑记》，称关羽比刘备还大一岁，而三国时代的人称关羽与刘备"义为君臣，恩犹父子"，这样看来关羽的年龄应该比刘备小，或者年龄相仿。至于流传很广的"桃园三结义"，在历史上并不存在。最早的团队中，还有

> 起兵之初的刘备，地位不高，不被人们所重视，所追随的是邹靖这样的三流人物，也没有留下什么经典的战例。《三国演义》中，刘备随公孙瓒讨伐董卓，留下了"温酒斩华雄""三英战吕布"等经典战例，虽然非常精彩，但只是虚构的文学故事。

简雍，简雍也是涿郡人，他性格高傲，不讲究礼法，刘备却总是能宽容他，这也是刘备气度恢宏、能容人的表现。

刘备是借着黄巾起义的时机起兵的。相对于曹操和袁绍，刘备的起点很低。袁绍是大世族的后代，祖上都是朝廷的高官，宗族实力强大，又有父祖门生故吏的拥护，社会声望很高；曹操的父亲曹嵩做过三公之一的太尉，家里颇有钱财，起兵时有曹氏和夏侯氏宗族势力的支持，也有一定的实力。刘备在当时的声望还只限于涿县一地，又没有宗族势力的帮扶，队伍因此很单薄。

刘备追随校尉邹靖，在与黄巾的战斗中屡立战功，被

刘备起兵

任命为中山国的安喜（今河北定州）县尉，县尉是县令的下属，相当于今天的县公安局局长兼武装部部长，负责治安、征兵等工作。不久，刘备又遇到了麻烦，黄巾之乱后因军功授官的人很多，朝廷就派人来考察，要把不称职者淘汰掉。刘备疑心自己官位难保，因为认识负责考察的官员——督邮，就求见他，想私下里做点工作。不料，督邮不念旧情拒绝见刘备，刘备一怒之下冲进督邮的馆舍逮捕了他，将督邮绑在马桩上打了二百鞭，然后将县尉的印绶挂在督邮的脖子上逃走。《三国演义》把这段传奇故事的主角换成了张飞，刘备成了瞻前顾后、决断不足的官僚，其实刘备骨子里也是个快意恩仇的豪侠，若是没有点英雄气，哪能吸引关张这样的亡命英雄终身追随他。

弃官亡命的刘备，又到丹阳（今安徽宣城一带）募兵，在下邳（今江苏睢宁一带），与黄巾作战有功，被任命为下邳丞。此后，刘备相继做过高唐（今山东禹城一带）县尉、县令。

不久，刘备的高唐县被黄巾余部攻破，刘备只好去投靠他的师兄公孙瓒。

得徐州，失徐州

这一阶段，刘备加盟公孙瓒阵营，与袁绍作战，立下功劳，被任命为平原（今山东平原一带）县令，不久后又升任平原相，成了高级地方行政官员。这期间，刘备集团迎来了

> 刘备在平原郡颇有政声，当时的平原连年饥荒，盗贼为患，刘备组织恢复生产，广施财物，改善了民生；他的厚道处事甚至感化了刺客：平原郡民刘平瞧不起刘备，勾结刺客行刺他，但刘备却对刺客非常厚道，以致感动了刺客，放弃了行刺计划。

一位重量级成员——赵云。赵云是常山真定（今属河北石家庄）人，常山在袁绍治下，但赵云没有投奔袁绍，而是投奔了公孙瓒，在公孙瓒处结识了刘备。赵云深感刘备才是自己的明君，从此投奔了刘备，并且忠心耿耿终身追随。

刘备的任侠仗义、乐善好施、善待下属，在乱世中取得了较好的宣传效果，使他在群雄争霸的时代逐渐有了自己的威望和名誉。黄巾余部围困北海，北海相大名士孔融也向他求救。当刘备听到孔融向他求援时，深感意外，"孔融竟然还知道世上有刘备"，刘备终于进入了上层人物的视野。

当时，中原的几大割据势力，袁绍和曹操结为同盟，而袁术、公孙瓒、陶谦为同一阵营。初平四年（193年），曹操的父亲曹嵩被徐州牧陶谦的部下杀害，曹操愤恨之下，大举兴兵攻击陶谦，连下十余城，坑杀徐州百姓数十万人，泗水为之不流。陶谦向公孙瓒集团的青州刺史田楷求救，刘备同田楷一起驰援陶谦。刘备援助陶谦带了多少军队呢？只有士兵千余人及少部分乌桓骑兵，路上又招募了饥民数千人，完全是一支仓促组合的乌合之众。既然刘备只有这一点本钱，陶谦为什么要借重刘备的力量呢？

陶谦其实是个狠辣角色。

历史上的陶谦，并不像《三国演义》描写的那样是一个谦谦君子。陶谦是扬州丹阳（郡治在今安徽宣城）人，丹阳处于山区，人民好武习战，是三国时代有名的"精兵之地"。陶谦跟随汉末名士皇甫嵩与羌人打过仗，在张温手下做过参军，也算得上久经战阵。汉末天下大乱，诸侯互相攻杀，没点真本事，怎么能把徐州这个富饶的地方抓在手里？陶谦统治徐州，靠的就是精锐的"丹阳兵"。

在黄巾之乱中，徐州相对平静，百姓生活比较安定，人口众多，是各方割据势力垂涎的富饶之地。徐州地处今江苏长江以北和山东东南部，东面是袁术的地盘，袁术虽与陶谦结盟，却自称"徐州伯"，明显是对徐州虎视眈眈、志在必得；北面是割据兖州的曹操，曹操视徐州为下一个兼并的目标。所以，徐州的外部环境相当险恶。

在徐州内部，陶谦和当地豪族势力的斗争也很激烈。

陶谦虽有数量不少的丹阳兵，但缺少能力强的战将，据史籍所载，陶谦帐下的战将只有曹豹和许耽二人。和陶谦相遇那年，刘备三十三岁，称得上久经战阵，手下又有关羽、张飞这样的"万人敌""熊虎之将"，再加上新加盟的赵云也很能打，刘备势力和大诸侯虽然还差着几个档次，但是在郡守这一级的人物中，已经算得上翘楚了。

陶谦缺的是一个强有力的同盟者，刘备缺的是根基——稳定的根据地、训练有素的士兵，二者一拍即合，迅速走到了一起。

陶谦推刘备为豫州刺史，以豫州所属的沛国沛县（小沛）为其驻军之地，并划拨四千名丹阳兵给刘备，此时，刘备才算有了一支像模像样的正规军，正式跻身于诸侯之列，"刘豫州"这个名号也用了很多年。

豫州地处中原，是各路诸侯角逐的要地，势力犬牙交错，情况相当复杂。刘备在豫州时，做了几件大事，他征辟了大名士陈群做别驾，别驾是州政府中实权在握的官员，比如糜竺就是陶谦的别驾。这个陈群可不是一般人，他是东汉末年的顶级世族，后来做了曹魏的高官——司空（三公之一），是和司马懿旗鼓相当的人物。刘备还举荐了袁涣、袁谭两位茂才，前者出自陈郡袁氏，是灵帝时司徒袁滂之子，后者是袁绍的长子，这两个人也是顶级世族的后代。这些人选择为刘备站台，在当时的政治生态下，影响非同寻常，如果刘备能在豫州稳定下来、建立根据地，他的建国之路会走得顺利些。可是，刘备的安稳日子没过多久，曹操就来了。

兴平元年（194年），曹操发起对徐州的第二次攻势，刘备与陶谦帐下的曹豹率军迎战曹军。曹军绕过刘备，长驱直入，连下五城，刘备、曹豹在郯城截击曹军，又被曹操打败。陶谦惊恐万状，准备弃城逃往家乡丹阳。

此刻，吕布登场了。吕布与曹操的老友陈宫、张邈联合反曹，端了曹操的老窝，曹操赶忙回军救援，徐州转危为安。

到了这一年的十二月，陶谦死了。据说，陶谦临死以前有遗命，将徐州交予刘备。徐州无主，武将曹豹、许耽，豪强糜竺，世族陈登，几股势力势均力敌，谁也不服谁，只有刘备的地位比较超然，能被各方勉强接受。通过陈登，刘备又和袁绍拉上了关系。本来，刘备是公孙瓒的下属，与袁绍是敌对关系，现在刘备带着徐州加盟袁绍阵营，袁绍也表示欢迎。徐州有了袁绍的支持,曹操又是袁绍阵营的盟友,来自曹操的威胁暂时消解了,刘备投靠了诸侯的"带头大哥"袁绍,是一个明智的决策。

刘备治下的徐州,仍然危机四伏。在外部,袁术对徐州虎视眈眈,在内部,刘备并没有取得对丹阳兵的领导权,丹阳兵还在曹豹和许耽的手里,而刘备手下的张飞与曹豹矛盾很深,徐州暗流涌动,并不太平。

此时,吕布到了徐州。

吕布在兖州被曹操打败,来投靠刘备了。刘备已是一方诸侯,对于吕布这样的丧家之徒很是看不上,考虑到可以利用能征惯战的吕布抵御袁术,就让他屯驻在下邳西。

建安元年(196年),袁术来犯。刘备让张飞与曹豹守下邳,自己带兵在盱眙与袁术对抗,双方互有胜负,打得难解难分,关键时刻,吕布被袁术策反,曹豹打开城门迎接吕布,刘备妻儿都被抓获,老巢被端。刘备引兵回救,部队没到下邳就溃散了。刘备只好转而东进,又与袁术相遇,一触即溃,一直跑到海西(今江苏灌南)才驻扎下来。

在海西,部队断粮,士卒互相攻杀。在刘备的"至暗时刻",糜竺全力相助,以奴客两千人补充兵员,献出私财充作军资,把自己的妹妹嫁给刘备,糜竺的宗族也加入了刘备集团。在糜竺的支持下,刘备集团才终于稳住阵脚,不至于溃散,要知道,汉末时代,许多军阀都是饿得散了伙的。糜竺是在徐州才与刘备相遇,就这样赌上了全族的身家性命与刘备绑在了一起，可见刘备确有人格魅力。

尽管眼前的危机度过了，刘备仍无力对付袁术和吕布两股敌人，他只能向吕布投降。这时，吕布和刘备的位置颠倒过来了，吕布打发刘备屯驻小沛，做豫州刺史，吕布自领徐州刺史；袁术不打算放过刘备，再起三万大军直扑小沛而来，刘备败军之后，喘息未定，眼看灭顶之灾躲不过去了，吕布这次又救了刘备，出面化解袁术和刘备的矛盾，这就是《三国演义》中讲得绘声绘色的"辕门射戟"的故事。

辕门射戟

在汉末，吕布就是个谜一样的存在，反复无常、不按常理出牌，听到刘备在小沛招兵买马，已有军队万余人了，他又突袭刘备，刘备这回只能投靠曹操了。曹操对刘备相当看重，资助他钱财，加封镇东将军，让他返回小沛。

建安三年（198年），吕布派高顺、张辽进攻小沛，曹操派了夏侯惇救援，但被高顺、张辽击败。吕布军队攻入小沛，刘备妻儿再次被吕布俘虏，刘备只身逃往许都。这一段时间，诸侯之间分分合合，和战无常，看得人眼花缭乱，不过随着吕布势力的坐大，曹操终于设法腾出手来与吕布对决了。

吕布的部队是东汉末并州军的一部分，战力强大，曹操帐下第一骁将夏侯惇与刘备合力都不是吕布帐下张辽、高顺的对手。曹操亲率大军与刘备合力与吕布大战，战争打得相当艰苦，曹操放泗水灌城，才最后逼降吕布。吕布试图归顺曹操，说："您最强劲的对手是我，现在我投降了，您率领步兵，我率领骑兵，我们必将天下无敌。"吕布看到刘备在侧，又求刘备帮忙求情："玄德，我是阶下囚，你是座上客，绳子绑得我太紧，你怎么不替我说句话呢？"

曹操这时候倒有些心动了，毕竟吕布是一员虎将，打天下有他加盟岂不更好，于是让人给吕布松绑，刘备急忙阻止："您难道不记得丁原、董卓的事了吗？"曹操恍然大悟，于是下令将吕布勒死。这段史实与《三国演义》中"白门楼"的故事大体吻合。

处死吕布后，曹操任命车胄为徐州刺史，陈登为伏波将军镇守广陵，自己带刘备返回许都。

刘备到了许都之后，曹操推荐他升任左将军，对他礼遇很高,史籍上说:出则同舆,入则同席。刘备的内心却是惶恐不安的,作为一个曾经做过诸侯的人,丢了地盘,带着自己的流浪部队依附在曹操手下毕竟不是长久之计,曹操对他究竟是什么看法,他也没有底。一次,曹操与刘备饮酒,论起天下英雄,说:"天下的英雄只有我曹操和你刘备啊!"刘备正在吃饭,惊得筷子掉到了地上,他掩饰道:"我听到天上响雷,所以惊得掉了筷子。"

这就是"青梅煮酒论英雄"的故事。刘备为何如此吃惊?因为他意识到曹操仍旧以他为劲敌,对他不放心,早晚会找个借口除掉他。

青梅煮酒论英雄

曹操在许都总揽朝政、挟制天子，引起了汉献帝和外戚势力的不满。建安四年（199年），汉献帝以"衣带诏"密赐外戚董承，并纠合了长水校尉种辑、将军吴子兰、王子服等同谋，刘备也参与了密谋。同年，原来互为仇敌的袁术与袁绍准备联手对付曹操，袁术准备经过徐州到河北与袁绍会合，曹操派遣刘备率领朱灵、路招阻击袁术。曹操手下的谋士郭嘉、董昭都劝曹操：不可纵虎归山。但为时已晚，刘备已经出发。在刘备的阻击下，袁术只好南撤，不久病死。刘备遣返朱灵，击杀曹操的徐州刺史车胄，遣关羽守下邳，再次占据徐州，徐州附近的地方豪强势力纷纷响应刘备，刘备派人北连袁绍，准备对抗曹操。曹操派遣刘岱、王忠征讨徐州，刘备大败刘岱、王忠，并放言道："你们这样的来一百个能奈我何？曹操亲自来，或许可以和我决一胜负。"

建安五年（200年），曹操亲自来了。这年的正月，"衣带诏"事发，董承等被杀，刘备作为同谋，又杀了徐州刺史、投靠了袁绍，这样的心腹大患不得不除。曹操率军攻打刘备，这次，刘备输得很惨，妻子再次被俘，大将关羽被俘，继而投降曹操，军队被曹操收编。刘备从徐州逃往青州，青州刺史袁谭曾经是刘备所举的茂才，出城迎接刘备，刘备随袁谭到平原，袁谭的父亲袁绍出自己的都城邺城二百里隆重迎接刘备。这时已经是官渡之战的前夜了。刘备作为袁绍的游军，联合汝南刘辟、龚都，骚扰曹操后方，这时击杀颜良后的关羽再次归附刘备，曹操派将军蔡阳讨伐刘备，蔡阳被刘备击杀。曹操在官渡打败袁绍后，腾出手来，率军征伐刘备，刘备抵挡不住，向南投奔刘表。

自此，刘备离开了征战七年的北方大地。在这个过程中可以看到，刘备有一定的军事指挥才能，他能带领三流的部队打出二流的战绩，对付蔡阳、刘岱、王忠这样的二三流战将毫不费力，但是遇到吕布、曹操这样的超级将、帅，他的弱点就暴露无遗——军事素养远不如吕布、曹操，更缺乏识人用人和战略布局的统率能力。比如，在强敌压境的情况下，他让暴烈如火的张飞与曹豹守下邳；他收留吕布，让吕布驻守在下邳，终于被曹豹与吕布联手抄了后路。对比曹操和袁绍集团，刘备集团只有战将而缺乏谋士，这更是他的致命弱点。

奔荆州，取荆州

刘备的荆州岁月，以赤壁之战为界，明显分为两个阶段。前期，刘备打赢了博望坡之战，赢得了难得的六年和平岁月。在此期间，刘备集团有了诸葛亮这样的顶级谋士加盟，为打赢赤壁之战提供了人才支撑。赤壁之战后，刘备以荆州为根据地，大力发展军事力量，天下三分的局面初步显现。

刘备到荆州时，这里的统治者是刘表。刘表是汉朝宗室，西汉景帝之子鲁恭王的后代，鲁恭王与中山靖王是同父异母的兄弟，刘备和刘表同出汉景帝一系。刘表既是皇族后

> 荆州在三国故事中"出镜率"很高，《三国演义》中直接或间接提到"荆州"的章回占总章回数的一半还多，这让现代的湖北荆州人自豪不已。但其实汉末三国时荆州的概念，比现在的荆州大得多。三国时的荆州，向北延伸至今河南境内，向南可达今广西桂林、广东韶关境内，向东到今湖北、江西交界，向西到今贵州境内。

裔，又是上层世族阶层的一员，还是"党人"领袖，曾被通缉过。黄巾起义以后，朝廷解除党禁，刘表才重新得以被任用。这样特殊的经历，为刘表赢得了很高的社会声望。

初平元年（190年），荆州刺史王睿被长沙太守孙坚杀害，四十九岁的刘表被朝廷任命为荆州刺史。当时已是董卓进京之后，天下纷争已起，东汉王朝名存实亡，给刘表的任命就是一纸空文，刘表是单枪匹马去荆州的。

在刘表到荆州之前，荆州一度处于失控的状态，各郡县暴乱频发，各地宗族势力屯聚自守，割据自治，形成数十股以宗族势力为核心的武装集团（俗称"宗贼"），持续动乱的局面急需一个德高望重的人物来主持地方的政务。因此，

画像石中的庄园农作情景。东汉世家大族的庄园规模很大，役使的农户很多，几乎就是一个城镇。

当地最为显赫的豪族蔡氏和蒯氏选择支持刘表。

刘表委派蒯越等人劝说各地屯聚自守的"宗帅"效忠刘表，并诱斩了顽固对抗的"宗帅"十五人。建安三年（198年），刘表镇压了长沙太守张羡的反叛，势力进一步增强，成为据地数千里、军队十余万人的地方军事集团，是南方最大的割据势力。

人们对刘表的印象大都来自《三国演义》，其不思进取、优柔寡断的形象深入人心，其实刘表是个有建树的政治人物，不可低估。从初平元年（190年）到建安十三年（208年）赤壁之战前，荆州维持了十八年的稳定和平局面，这在东汉末年全国大动乱的形势下非常难得。由于荆州的稳定，大批北方的流民涌入荆州。刘表对北方流民采取了安抚政策，组织他们发展地方经济，促进了荆州地区经济的发展。对于流寓的文化士人，刘表都尽其所能给予安置，为他们传承文化创造条件。在刘表的大力扶持下，荆州地区文化繁荣，形成了中国学术史上颇有影响的"荆州学"。

虽然刘表治理荆州颇有政绩，但他缺乏军事才能，同曹操、刘备相比，刘表又缺乏气度恢宏的政治家气质。他善谋无断、多疑无决，同新一代英雄人物相比，他的才能和经验都难以适应群雄争霸的时代，在复杂的军事斗争中显得目光短浅，应对乏力。

在袁曹官渡大战中，刘表名义上支持袁绍，但也没有出兵相助。官渡之战后，曹操强势崛起，荆州再想置身事外已

农耕图,出自汉墓画像石。

经不可能了。在这种情况下,荆州的统治阶层发生了分化。当地豪族蔡瑁、蒯越、韩嵩等是拥曹派,他们不希望在荆州与曹操打仗。也有一部分本土世族和北方流寓世族反对归附曹操,出于对刘表的失望,他们希望寻找新的军事政治代理人,继续维持荆州相对独立的政治局面。刘表本人是反对归附曹操的,从切身利益来说,他不希望将自己的荆州基业拱手让给曹操,可是面对人多势众的拥曹派,刘表势单力孤,需要找帮手。

这时,刘备来了。

建安六年(201年)九月,曹操在汝南击败刘备,并向刘表夸耀武力,刘备就势加入刘表阵营。这一年刘备四十岁,刘表六十岁,刘表亲自到郊外迎接刘备,待以上宾之礼。两人同为汉朝宗室，关键是两人都是坚定的抗曹派，因此，一见之下，很是投缘，刘表增兵给刘备，让刘备驻军新野。

建安七年（202年），刘备率军攻叶（今河南叶县一带）。建安八年（203年），趁曹操与袁绍残余势力作战之际，刘备率军骚扰曹操后方，曹操从河北调夏侯惇、于禁、李典回援，刘备用火攻击败夏侯惇，这就是《三国演义》中描述的"火烧博望坡"之战，罗贯中把这个战绩加在了诸葛亮头上，其实当时刘备和诸葛亮还没有相遇。

刘备与诸葛亮的相遇是三国史，甚至中国历史的一件大

对于刘备，以蒯越、蔡瑁为首的拥曹派是敌视的，《三国志》裴松之注提到：蒯越和蔡瑁企图在宴会时拿下刘备，刘备得知后假借如厕，骑"的卢"马飞奔而去。《三国演义》中"蔡夫人隔屏听密语　刘皇叔跃马过檀溪"讲的就是这件事。这个故事与"鸿门宴"的情节太像，许多人怀疑它的真实性，但是蒯越、蔡瑁亲曹，试图除掉刘备的可能性是存在的。

明朝人绘制的《三顾草庐图》

事。"三顾茅庐"的掌故几乎妇孺皆知，但历史上的真实情况不像《三国演义》描写的那样精彩纷呈，有关诸葛亮的身世、诸葛亮与刘备相遇的过程，有不少历史细节迷离曲折。

诸葛亮在《出师表》自言"臣本布衣，躬耕于南阳"，以至于后人误认为诸葛亮是一位耕读持家的隐士，这是误解，诸葛亮可以说是刘备集团中出身最高的。

诸葛亮的祖上诸葛丰做过西汉的司隶校尉，父亲诸葛圭曾任泰山郡丞，叔父诸葛玄是豫章太守，诸葛家族是琅琊郡的世家大族。诸葛亮早年丧父，由叔父抚养。因与荆州牧刘表有旧，兴平元年（194年），诸葛玄带着诸葛亮姐弟四人到了荆州，这一年诸葛亮十三岁。来到荆州襄阳不久，诸葛亮的两个姐姐先后嫁给了荆州的豪门大族，诸葛亮的大姐嫁给了蒯氏家族的蒯祺，诸葛亮的二姐嫁给了荆州名士庞德公的儿子庞山民。成年后，诸葛亮娶了荆州名士黄承彦的女儿，而荆州另一位豪门大族蔡瑁的两个姐姐分别嫁给了黄承彦和刘表，这样，诸葛亮便成了蔡氏和刘表的姻亲。诸葛亮一家能与荆州豪族联姻，首先是门阀观念的产物，是门当户对的婚姻，也与诸葛玄与刘表的旧交有关。

诸葛亮来荆州的时候，正值荆州社会安定、文化繁荣的时代，当时国内闻名的第一流学者司马徽、宋忠、綦母闿、邯郸淳等都聚集在襄阳，这是一个名师云集的好环境。诸葛亮少年时就读于"学业堂"，得到不少名师鸿儒的指点和教诲。对诸葛亮成长影响最大、首先给予诸葛亮高度赞许并称他为"卧龙"的就是荆州土著大族的名士庞德公，另一位给予诸葛亮重要影响的名师则是司马徽。

据考证，早在建安六年（201年），即刘备刚到新野驻屯时，司马徽就向刘备推荐了诸葛亮，但从建安六年（201年）到建安十二年（207年），长达六年的时间里，刘备与诸葛亮未曾会面，有学者称二人在"捉迷藏"。事实上，当时诸葛亮只有二十岁，政治上还不成熟，刘备立足未稳，也需要对荆州的风土人物进行深入的考察，而在这六年期间，诸葛亮也在观察刘备。

徐庶是刘备和诸葛亮见面的"介绍人"，徐庶加入刘备阵营后，感觉到刘备有成就霸业的潜质，称诸葛亮是卧龙，并称见此人需将军亲自前往，不可使人招来见面。刘备采纳了徐庶的意见，亲自到隆中见诸葛亮，史书上称"凡三往，乃见"。对这句话历来有不同的解释。一种解释说是第三次才见到，另一解释说是谈了三次。笔者倾向于谈了三次。这一篇谈话便是著名的《隆中对》（又名《草庐对》），诸葛亮为刘备设计了分两步走、先霸后王的战略：先割据一方，抢占荆州和益州，然后伺机扫荡中原，恢复汉室天下。此后的形势一步一步验证了这个规划的前半部分，用《三国演义》的话说，就是"未出茅庐，已知三分天下，真乃古人所不及"。

刘备集团向来缺乏具有战略性思维的智囊型人才，"隆中对"成为刘备集团发展的指导性文件，指明了刘备集团之

> 对"躬耕南阳"这句话，我们不能做简单的理解。有人认为诸葛亮在叔父死后，经济上比较困难，自己又不愿意寄人篱下，才到隆中耕读度日，这是没有依据的。刘表对北方的寄寓之士都有资助，对于诸葛亮这样的姻亲，更是要重点扶助的。在隆中，诸葛亮也不是过的与世隔绝的隐居生活，他更多的是表达一种姿态：隐居择主，待时而动。

后的战略走势，其后发生的诸多风云际会皆根植于此。诸葛亮一出茅庐便拿出一篇对形势有精准分析、对未来有前瞻性预测的"千古奇策"，深深打动了刘备。

刘表晚年还面临着接班人危机。刘表有二子，长子名刘琦、次子名刘琮。起初，刘表看重长子，后来刘琮娶了刘表后妻蔡氏的侄女，蔡氏一族开始大力扶持刘琮，刘琮成了刘表集团内定的继承人。刘琦深感不安，他向诸葛亮谋求自保之术，诸葛亮建议刘琦暂时远离政治斗争中心的襄阳。建安十三年（208年）正月，孙权攻打江夏，太守黄祖兵败身死，刘琦乘机谋求外镇，出任了江夏太守。从后来历史的发展看，刘琦出任江夏太守是刘备与孙权合作的基础，如果江夏也听从刘琮的指挥归附了曹操，刘备就没有和孙权合作的本钱了。

刘表病重之际，刘琦回襄阳探望刘表，竟然被拥护刘琮的张允等人拒之门外。刘表死后，荆州大族拥立刘琮继任荆州统治者，刘表集团迅速分裂，有的拥护刘琮，有的拥护刘琦，一场内乱迫在眉睫。

此时刘备又在哪里呢？

建安十三年（208年），曹操乘刘表之死，率军大举进攻荆州。此时刘备已经由新野改屯樊城。曹操采用突袭战，部队隐秘行军，轻装前进，直至曹操到了宛城（今河南南阳），刘备才得到确切的消息。猝不及防之下，刘备仓皇撤退。曹操到达宛城后，继续轻装前进，直抵襄阳城下，刘琮

在《三国演义》中，诸葛亮神机妙算的"军师"形象广为人知。其实，严格地说，诸葛亮没有当过"军师"。赤壁之战后，诸葛亮始任军师中郎将，进入益州，诸葛亮任军师将军。军师中郎将、军师将军都拥有相当大的权力，但却是政治谋士和行政官员的角色。在刘备去世之前，诸葛亮从未掌管过军队，也没有参与过军事谋划，这与《三国演义》给人们的印象大为不同。"军师"一职在汉末三国时代确实存在，曹操的重要谋士郭嘉、董昭、荀攸都担任过军师，军师不是独立带兵打仗的将领，更不是掌握一国兵权的重臣。

在拥曹派的主导下，投降曹操。为了阻止刘备占领物资屯集的重镇江陵，曹操率领精锐骑兵以一日一夜行三百里的急行军速度追击刘备，刘备对于曹操的迅速南下仍然缺乏足够的思想准备，没有料到他占领襄阳后立即出征，所以还在缓慢行进。在当阳长坂，刘备军队与曹军遭遇，刘备被打得大败而逃，与妻子儿女失散，只与诸葛亮、张飞、赵云等数十骑向江夏奔去，遗弃的辎重都被曹军缴获。曹军在这次战役中以压倒性的优势打败了刘备，自己的损失微乎其微，仅用了两个月就占领了南郡。

曹操在建安十三年（208年）九月占领江陵。曹操在南征之前，本来没有平定江南的作战计划。但是刘琮的归降使襄阳、江陵等重镇不战而下，轻而易举的胜利助长他的骄傲情绪，他企图乘势消灭孙权。当时曹操集团的大多数谋士认为应当顺势平定江东，但反对意见也有，比如程昱认为孙权有和刘备结成联盟的可能，东征作战会旷日持久，贾诩则提出休兵安民的建议，都没有被曹操接受。

荆州平定后，曹操发动赤壁之役。

诸葛亮临危受命出使东吴，孙刘联兵，赤壁之战曹军失败。关于失败的原因，一般认为是曹军因受到火攻的打击，加上疫病流行而败走。其实，还有一个原因被忽略掉了，那就是战争一旦打成相持战，对曹军非常不利。曹军无法长期依靠荆州当地租赋来提供给养，江陵的存粮也只能满足一时之需，若从中原到长江运送物资则需要水陆转运，当时的国

关于曹操此次东征军队的数量，史籍所载的数据不多，而且出入很大。根据各种资料推断，曹操投入赤壁之战的兵力大约有十余万人，因此周瑜才敢说有五万人就能够战胜敌兵。

家无法承受如此沉重的负担。明末清初史家王夫之就认为曹军在赤壁和袁绍在官渡之战的处境相仿，都有粮饷远途运输上的困难，而对手的后勤供应则较为便利，就是没有火攻，持久对峙，曹军也难以取胜。

历史上有孙权"借荆州"给刘备一说，通过《三国演义》的渲染，"借荆州"的故事更是不胫而走，民间有俗语说"刘备借荆州——有借无还"。孙权借给刘备的是什么地方，孙权为什么借地给刘备，"借荆州"在三国历史上产生了什么影响？"借荆州"是三国历史上的重要节点，搞不清这个问题，就很难读懂以后的"关羽水淹七军""吕蒙白衣渡江""刘备夷陵之败"等很多重大历史事件。

赤壁之战是孙刘两家一起打的，刘备的兵力是关羽的水军精甲和被曹操打散归来的士卒，共一万人（这个数字是诸葛亮对孙权说的，可能还有所夸大），江夏太守刘琦的战士一万人，共计两万人，当时刘备的本钱就是这两万人，而且很多是被打散后再次聚拢的败兵，惊魂未定；而孙权在江东根基深厚，已历三世（孙坚、孙策、孙权），仅赤壁前线周瑜的兵力就达三万人，驻守其他地方的兵力还没计算在内。所以孙权的实力远远超过刘备和刘琦，在孙刘联盟中，孙权为主，刘备居于从属地位，周瑜就把刘备看作是寄寓之士。在赤壁之战前，刘备漂泊半生，却一直没有稳固的根据地，他投公孙瓒、附陶谦、归曹操、奔袁绍、依刘表，都处于依附从属的地位。荆州地方对于刘备来说，性命攸关，不能不

> 曹操南下时，荆州有八郡：南阳（治所在宛，就是宛城，今河南南阳）、南郡（治所在江陵，今湖北荆州）、江夏（治所在西陵，今湖北武汉）、章陵（治所在章陵县，今湖北枣阳县东），以上四郡在江北，是荆州人口众多经济发达的地区，长沙（治所在今湖南长沙）、零陵（治所在今湖南零陵）、桂阳（治所在今湖南郴州）、武陵（治所在今湖南常德）四郡在江南，比较落后。

争。

争荆州，刘备采取了文武两手，"文"的一手，就是在战事正酣的时候，表刘琦为荆州刺史，荆州原来的主人是刘表，当时割据的军阀很多都是自己指定接班人，父死子继是被当时的各方势力接受的，刘表死，刘琮降，参与赤壁之战的刘琦继任荆州刺史理所应当。而刘琦只是名义上的最高长官，在刘备与刘琦的联盟中，刘备为主。这样在刘琦的名义之下，刘备就可以名正言顺地得到荆州的土地。

"武"的一手，是乘周瑜与曹仁争夺江陵，战争打得难解难分之际，打着刘琦的旗号向荆州南部进军，江南四郡的官佐大都是刘表旧部，在刘备军队到来之时相继归降，几乎是兵不血刃占有了荆州南部的郡县。

周瑜与曹军在江陵激战一年，以较大的代价占据了南郡治所江陵城，周瑜自己也身负重伤。

经过政治军事的激烈博弈，形成了曹、孙、刘三家瓜分荆州之势。曹操保住了南阳、章陵二郡，又占据了南郡、江夏二郡之北部地区；刘备攻据了武陵、长沙、零陵、桂阳四郡；孙权夺取了南郡、江夏二郡的南部地区。按照"隆中对"的规划，刘备要先占荆州，再图益州，然后北伐中原统一天下，为此，必须取得南郡的江陵和夷陵。江陵控制着长江中游水道，隔断了刘备与中原的联系；夷陵则是入蜀的通道。

建安十四年（209年）正月，刘琦去世。刘备被属下推为荆州牧。刘备明白自己的江南四郡是以孙权为主力的孙刘联盟在大败曹操后取得的，他对荆州的"领导权"必须得到孙权的认可，而江陵和夷陵的问题也必须解决；由于孙强刘弱，对于江陵和夷陵不能强取，只能通过外交途径来索取，这就是"借荆州"的由来。建安十五年（210年），刘备到京口（今江苏镇江）孙权驻跸地，拜见这位小他二十一岁的江东霸主。

经过一系列的外交斡旋，孙权终于将南郡的江陵、夷陵等大片土地"借"与刘备，并在事实上承认了刘备对江南四郡的占领。这里还有两个问题，首先江陵是孙权、周瑜浴血奋战一年多才占领的江南重镇，孙权为什么舍得"借"给刘备，难道是因为孙权妹妹嫁给刘备或是自己荣任盟主的缘故？其次，明明是只"借"了南郡的一块地方，为什么叫"借荆州"？

孙权肯把江陵和夷陵"借"给刘备，是因为他面临着曹操的巨大压力。曹操在赤壁之战中虽然战败，却没有放弃已经占领的荆州中部、北部的郡县和城池，曹操在南阳至江陵一带留下了不少军队，这些军队如果顺江东下，将会对孙权构成很大威胁；此外，曹操在建安十四年（209年），刚刚结束赤壁之战后，就从合肥一线大举南下进攻孙权，孙权面临着两面作战、防线过长的不利局面。而周瑜占领江陵，反而隔断了刘备和曹操的直接接触，孙权成了刘备的战略屏障。孙权"借"江陵给刘备，让刘备接手抗曹的西部防线，减轻

这次会面是一场惊心动魄的外交大戏。刘备表孙权为车骑将军、徐州牧。汉末以来，车骑将军往往是讨贼盟主拥有的头衔，也就是刘备承认孙权在同盟中的主导地位。而徐州在曹操手里，所以这只是遥领，是虚衔。刘备以承认孙权的盟主地位为交换，请求孙权认可自己"都督荆州"。

了孙权的压力。这是孙权肯忍痛割爱，把江陵"借"给刘备的原因。

只是"借"了南郡的部分土地，为什么不说"借南郡"而说是"借荆州"呢？因为在孙权看来，江南四郡也是在他认可下，刘备才有了"主权"，所以，刘备的荆州是孙权"借"与他暂时栖身的。刘备也没有否认过他"借荆州"的事实，在取得益州后，孙权使人索还荆州，刘备表示得到了凉州就归还荆州。但荆州是战略要地，刘备不会轻易还给孙权，此后，孙刘两方联盟的破裂、吕蒙白衣渡江、关羽走麦城被杀、刘备夷陵之败都与"借荆州"一事有关。

新得了南郡的这一片土地，刘备的势力延伸到长江北岸，而孙刘之间虽有矛盾，但大体上维持了联合抗曹的局面，曹操也不敢轻易南下，荆州的局势稳定下来。至此，刘备才有了稳固的根据地，此后，刘备招揽了刘表的旧部和荆州的名士，如庞统、马良、蒋琬、杨仪、黄忠、魏延等，势力大为增强，为下一步进据西川立国打下了基础。

建国称帝

诸葛亮在隆中对策中，论及益州形势时说，"刘璋闇弱，张鲁在北"，这两句话包含的信息量极大。

先说"刘璋闇弱"。刘璋是益州的"二世祖"，割据益州的开创者是刘璋的父亲刘焉。刘焉，江夏人，与刘表同出西汉景帝之子鲁恭王一支，与刘备都算汉朝宗室。灵帝中平

> 为了巩固孙刘联盟，孙权也用了自古以来联姻的老套路。《三国演义》中，刘备亲自到东吴接亲，史实中并非如此。刘备并没有到东吴成亲，孙夫人是被东吴送到荆州的。孙夫人是位女中豪杰，从东吴带了丫鬟、侍婢百余人，人人手持刀枪站岗，以至于刘备每次和孙夫人见面都是胆战心惊的。刘备入川之前，维持了两年的刘孙婚姻宣告破产，走之前，孙夫人还想把刘备唯一的亲生儿子刘禅带走。刘禅的母亲是甘夫人，孙夫人带走刘禅可能不是出于喜爱刘禅，多半是要带走做人质的，幸亏赵云和张飞飞舟拦截，才把刘禅截了下来。《三国演义》中"刘皇叔洞房续佳偶""赵云截江夺阿斗"说的就是这段故事。

五年（188年），刘焉以太常（九卿之一，是级别仅次于三公的高官）的身份空降益州，担任益州牧。当时，益州动乱，刺史郤俭被杀，益州从事贾龙率军击破叛军，迎接刘焉入川。刘焉入川后，收买人心，手腕柔和，益州的局势稳定下来。同时，刘焉也造皇帝仪仗，阴谋脱离汉朝自立。为了立威，刘焉先后杀掉了益州的豪强王咸、李权等十余人和迎接他入川的贾龙等。

兴平元年（194年）冬，刘焉病死。益州大吏赵韪等以刘璋温和仁弱，拥戴刘璋为益州刺史。刘焉和刘璋统治益州，依靠的是"东州兵"。

刘焉父子是益州的外来势力，东州人也是外来势力，刘璋依靠"东州兵"统治益州，东州人成了益州的特权阶层，他们侵犯当地土著的利益，刘璋不能禁止。赵韪利用益州当地民众的不满情绪发动叛乱，土著豪强纷纷起兵，形势一度非常危急，刘璋只能困守成都，依靠"东州兵"殊死战斗才打败赵韪。虽然战乱被平定了，但是益州仍处于效率低下、有法不依的混乱局面——上层人心不稳，下层饱受豪强欺凌。

再说"张鲁在北"。张鲁原是刘焉的部下，奉令出击汉中太守苏固，占领了汉中。张鲁祖孙三代都是五斗米道的首领，他在汉中火并了另一五斗米教首领张脩（xiū）的势力后，完全控制了汉中郡的宗教和政治，建立起政教合一的汉中政权。在刘焉统治益州时期，汉中政权始终与益州政权保

> 东汉末年，中原陷于战乱，南阳、关中一带的人民流入益州的有数万家，刘焉父子在东州人中招募强壮者从军，号称"东州兵"。

持友好关系。刘焉死后，张鲁不服刘璋，刘璋杀了张鲁的母亲和妻儿，张鲁和刘璋决裂。

在东汉末年的军阀混战中，益州的局势相对稳定，号称"国富民强，户口百万"。孙权、刘备在势力壮大起来以后，都有将益州收入囊中的打算，鲁肃在"江中对"中就提出了先占荆州再占益州，占领全长江流域的设想，而诸葛亮的"隆中对"更是将益州作为刘备进取中原的基地。

孙权取益州，中间隔着刘备，他必须取得刘备的同意，他曾提出与刘备共取益州。刘备以刘璋是同宗同盟为借口，坚决不容许孙权染指益州。刘备取益州也面临着极大的困难，一是山川阻隔，行军困难，如果强取，完全没有必胜的把握，还有被孙权和曹操抄了荆州后路的危险；二是刘备与刘璋同宗，刘备要取益州面临着信义上的困难，无故兴兵攻打刘璋会失信义于天下。

这时，千载难逢的机遇来了。原来，刘璋看到曹操势力强大，北方已基本统一，就想与曹操通好，于是派张松拜见曹操。此时，曹操刚在荆州之战中打败刘备，志得意满，对张松多有轻慢，此后，曹操赤壁战败，张松于是劝刘璋结好刘备。

张松推荐法正去见刘备，一见之下，法正被刘备的人格魅力吸引。回来后，就对张松说刘备有雄才，是值得效命的英主。二人遂结成同盟，密谋将益州献给刘备。张松是益州土著，法正是"东州士"，他们的意见统一，标志着益州上层已经有一部分人准备抛弃刘璋、另寻明主了。

建安十六年（211年），曹操进兵关中，扬言征张鲁，刘璋心怀恐惧。刘璋归附曹操不成，北面有张鲁为敌，内部益州豪强与"东州士"之间的矛盾难以化解，内忧外患之下，刘璋采纳了张松的建议，邀请刘备入川对付张鲁和曹操。刘璋遣法正和孟达率四千人迎接刘备。法正一见刘备，便向刘备献上夺取益州的计策，刘备仍有犹豫，庞统献计说："事有权变，夺取益州以后，封刘璋以侯爵，这也无损于信义。而且益州形势危急，刘璋无力自存，早晚被人兼并，此时不取更待何时？"刘备采纳了庞统的建议，出兵益州就这样决定了。

进军益州，刘备如此排兵布阵：庞统、黄忠随刘备入蜀，诸葛亮、关羽、张飞、赵云留守荆州，关羽领襄阳太守、荡寇将军，驻江北，张飞为南郡太守、征虏将军，赵云任留营司马。从这个安排上看，刘备仍以荆州为大本营。

刘备领兵西上益州。沿途蜀中官员热情接待，提供一切必需品，刘备"入境如归"。到达涪（fú）城时，刘璋立即从成都率三万骑来会，为刘备接风洗尘、宴席款待。张松让法正劝说刘备在与刘璋会面时，袭击刘璋，就势夺取益州；庞统也是这个意见，认为可以不动刀兵而取益州；刘备则认为，初来乍到，信义未著，不可贸然行动。刘璋父子在益州的统治已经延续了二十多年，刘备的这个担心是非常有道理的。

刘璋上表推荐刘备为行大司马，领司隶校尉，刘备上表推荐刘璋为行镇西大将军，领益州牧。欢宴百余日后，刘璋返回成都，临行资助刘备一批军资、士卒。此时，刘备帐下有兵三万人，军需物资充盈。刘备北至葭萌（今四川广元南）抵御张鲁。

刘备到葭萌后，没有去讨伐张鲁，而是收买人心，广树恩德。"厚树恩德，以收众心"是需要时间的，不知不觉一年过去了。庞统心急，再向刘备献上中下三策：上策是发动突袭战，突袭成都，刘璋没有防备，必然溃败，益州可得；中策是假称荆州有事需回援，赚取益州名将杨怀、高沛来送行，就势将二将拿下，随即向成都进军；下策是退回白帝城，连接荆州再找机会进军益州。

就在刘备迟疑不决之际，机会再度降临。建安十七年（212年）十月，曹操征孙权，孙权求救于刘备，刘备向刘璋要求资助军需物资，并增兵一万人给他。刘备入川一年有余，消耗了大量军需物资，未经一战就要回荆州老家，还开口要军需、要士兵，刘璋大为不满，对所要求的军资、士卒都减半供应。

在成都的张松不了解情况，以为刘备要放弃益州回荆州，于是写信给刘备，问刘备为什么要放弃。张松的兄长张肃是广汉太守，害怕张松连累他，于是向刘璋告密，刘璋杀了张松，并对刘备封锁情报，刘备遂与刘璋决裂。

刘备采用庞统的中策，召杨怀、高沛来见，将二人斩首，兼并其军队，向成都进发，打败了刘璋的军队，控制了涪城以北的地区。

起初，刘备军队推进比较顺利，但在雒城却遇到了刘璋军队的顽强抵抗，刘备军队围攻雒城一年，没有攻克，庞统也中流矢而死，情势十分危急。刘备兵困雒城后，命令后方前来支援。诸葛亮、张飞、赵云等率军增援。大军至江州（今重庆），生擒巴郡太守严颜，然后兵分两路，赵云由外江（长江）出江阳（今四川泸州），张飞由内江（嘉陵江、涪水）出巴西、德阳，会师成都。刘备攻下雒城，与张飞、赵云合兵进围成都。

法正写信劝刘璋投降，说：鱼复与关头是益州的门户，现在二城俱失，门户洞开，存亡之势，昭然可见，战也无益。

恰在此时，马超来投了。马超在关中被曹操击败，转而投靠张鲁，张鲁又容不下他，他只好投靠刘备。刘备听说马超来投，喜出望外，说"我必得益州了"。为什么马超有如此威名？因为马超部是东汉末年凉州军的一支，战斗力极强，曹操曾说"马儿不死，吾无葬地也"。因此，马超加入攻打成都的队伍，对刘璋的心理产生了极大的威慑。趁守军动摇之际，刘备再派简雍劝降，刘璋坐守孤城，突围无望，决定投降。刘备和平进入成都，成都百姓免遭战乱之苦，这也算刘璋的一份功德吧。自中平五年（188年）刘焉入蜀，至建安十九年（214年），刘焉、刘璋父子两代统治益州二十六年。至此，历时两年有余的刘备入蜀之战宣告结束。

此时距曹操、刘备许都论英雄已过去了十六年。曹操一直视刘备为劲敌,刘备占领益州,自然会给他带来相当大的震撼。曹操的对策就是针锋相对地出兵攻占川陕之间的汉中盆地。在刘备取蜀的次年,即建安二十年(215年)四月,曹操自陈仓出兵南下,张鲁逃亡巴中。十一月,张鲁投降。十二月,曹操以夏侯渊为行都护将军,与张郃、徐晃等守汉中,自己班师返回邺城。

曹操进入汉中的时候,孙刘两家因"借荆州"再起纠纷,刘备亲率五万兵力至公安增援关羽,益州守备空虚,听说曹操进入汉中后,蜀中士人百姓大为震动。

得知曹操攻占汉中,刘备紧急与孙权讲和,放弃荆州部分领土,双方约定荆州江夏、长沙、桂阳属孙权,南郡、零陵、武陵归刘备,刘备撤军回蜀中。刘备未能抢先占据汉中,出师荆州又徒劳无功,显示他缺乏战略思维,造成了蜀汉在战略形势上的被动。

曹操占领汉中后,谋士刘晔主张乘胜进攻刘备,一举拿下益州:"今举汉中,蜀人望风,破胆失守,推此而前,蜀可传檄而定。"可是曹操考虑蜀道艰难,东面又有孙权的威胁,加上赤壁之败的前车之鉴,因而予以拒绝。当时刘备拿下蜀中仅一年零二个月,内部还有很多事没有处理好,统治还不稳定,曹操没有趁机进攻蜀中,被后人认为是失策。

曹操率大军返回,给了刘备一个难得的喘息之机。不过,曹操虽然没有伐蜀,却命令夏侯渊部下张郃领兵越过米仓山去进攻川东的巴郡。张郃进攻巴郡,已经深入益州腹地,情势危急。刘备听取部下的意见,及时调整部署,派黄权领兵到巴中,消灭了投靠曹操的几股势力,随后刘备亲率大军进入巴郡,遣张飞率军打退张郃,收复了巴山以南的失地,局势得以稳定下来。刘备返回成都,命令张飞率军在宕渠、蒙头与张郃对峙,双方相持五十余日,张飞于荡石与张郃决战,张郃被打得几乎全军覆没,只带了十几个随从从小道返回南郑,曹操势力至此彻底退出巴郡。

汉中之战是蜀汉立国之战。从张郃在巴中惨败于张飞的

> 巴郡,大致包括今天的重庆市和四川省一些地方。

戏剧里的张飞形象

> 汉中是益州的门户。对于占据四川盆地的刘备政权来说，扼守汉中，北来之敌阻于山川，很难进入四川盆地；若要北伐中原，则有多条通道可以进入关中，使敌顾此失彼。因此，汉中是刘备必争之地。

情况来看，法正认为曹操方面镇守汉中的夏侯渊、张郃等人才具难以与刘备集团的一流将帅匹敌，现在进攻汉中正当其时，力劝刘备把握战机、迅速出征。刘备听了法正的话，遂于建安二十二年（217年）十月，大举征伐汉中，法正、张飞、马超、黄忠、赵云、魏延、黄权等名将谋士尽皆出战，诸葛亮镇守成都，负责后勤保障。

汉中之战，前后打了三场。第一场，张飞、马超、吴兰等对阵曹操阵营曹洪、曹休、曹真等，曹洪率领的军队是曹操最精锐的虎豹营。张飞等率军进攻武都郡治下辨（今甘肃成县），曹洪大破吴兰军，吴兰被氐族首领强端所杀，张飞、马超见形势不利，退出下辨。

第二场，一个月后，刘备派陈式率十营军队封锁马鸣阁道，但被徐晃击败，蜀兵跳谷逃生，伤亡惨重。

两军交战，刘备连输两场。但刘备对汉中志在必得，于是亲率主力出征。这支部队是蜀军的精锐，以法正为谋主，战将有赵云、黄忠、魏延、刘封、陈式、张翼、高详（也作高翔）等人，人数大约五万人。蜀军于建安二十三年（218年）四月到达汉中郡西边门户阳平关。

魏将夏侯渊、张郃、徐晃等顽强阻击，战争打成胶着状态。由于战事不利，兵力消耗很大，刘备急令诸葛亮发兵支援。留守成都的诸葛亮没有立即发兵，而是先征求蜀中豪族杨洪的意见。杨洪表态：汉中是益州的咽喉之地，如果没有汉中，蜀地势难独存，现在战争打到家门口了，男子就应该上阵杀敌，女子就应该负责军事运输，这还有什么迟疑的吗？对于这段史实，有人认为诸葛亮过于迟钝，见识还不如杨洪，发兵支援刘备夺取汉中，这还用商量吗？其实不然，此时援助汉中，等于战争总动员，刘备取得蜀中不久，统治不稳，没有大姓豪族的支持是不能总动员的。有了杨洪的支持，事情就好办了，诸葛亮推荐杨洪做蜀郡太守，征兵征粮诸事顺利，蜀军源源不断增援前线，蜀军在后方倾力支持下逐渐扭转了战局。

建安二十四年（219年）正月，刘备进入汉中盆地，主力渡过汉水，一举抢占军事要地定军山。定军山位于汉水南岸，距离汉中郡治南郑仅四十公里，为汉中的西南门户。为确保汉中安全，夏侯渊于汉水南岸和定军山东侧建造营垒，修筑工事防备刘备军队发动突然袭击。刘备军发动夜袭，烧毁南岸工事，夏侯渊率亲兵四百名巡行，发现工事被烧，下令救火，修补工事。夏侯渊的这一举动，被正在高处观察的法正发现，立刻命骁将黄忠出战，黄忠鼓噪而出，阵斩夏侯渊。

曹军诸将推举张郃为首，军队才渐渐稳定下来，但主将被斩，三军为之夺气。曹操不得不亲自出马，率领大军到汉中来解救受困的部下。

建安二十四年（219年）三月，曹操率军自长安出兵汉中。上次西征，曹操走的是陈仓道，但这次这条路已被张飞封锁，于是改走较为近便但险阻很多的褒斜道。

曹操到后，刘备采取坚壁清野的战法，据险不战。魏军

> 夏侯渊是曹操麾下的名将，以奔袭神速闻名，常常出敌不意取胜，类似后世所言的"旋风将军"，汉代的邮传速度为一日一夜行二百里，而夏侯渊的军队长途急行军速度略低于邮传，"典军校尉夏侯渊，三日五百，六日一千"。

读过《三国演义》的人都知道"鸡肋"的故事：杨修得知军中号令是"鸡肋"，察觉曹操要放弃汉中，遂整治行装准备返回，被曹操以扰乱军心的名义杀害。其实，"鸡肋"的典故是真的，但杨修因此被杀是虚构的。杨修是在半年之后被杀的，罪名是诽谤曹操的儿子曹彰。

虽众，可是秦岭诸道交通困难，粮草难运。曹营军心开始涣散，逃兵越来越多。

曹操的统治区域横跨中原，统治中心在许都、邺城一带，汉中久攻不下，成了曹操眼中的"鸡肋"。

当年五月，曹操被迫放弃汉中，领兵退还。后来蜀汉的名将王平，也是在此时归降刘备的。

曹军北撤之后，刘备占领汉中郡，但是其东部的西城、上庸、房陵三郡还在曹操手里。刘备派遣孟达从秭归北攻房陵（今湖北房县），刘备又令刘封乘胜顺汉水东下，攻击上庸（今湖北竹山县西南），孟达进军顺利，夺取房陵后与刘封合攻上庸，迫使太守申耽投降。

战后，刘备准备回成都，汉中要地需一员大将镇守，军中诸将都认为非张飞莫属，但刘备却任命了魏延为督汉中镇远将军，领汉中太守。魏延被破格任用，有如当年刘邦拜韩信当大将，一军皆惊。

汉中战役是蜀汉的立国之战，战后刘备集团地跨荆州、益州两地，达到了极盛时期。这一重大成功也标志着刘备达到了生平事业的顶点。

取得汉中之战胜利后，刘备称汉中王。在称汉中王之前，刘备对外宣称的官职为"左将军、领司隶校尉、豫荆益三州牧、宜城亭侯"，其中左将军、豫州牧、宜城亭侯是东汉政府曾经认可过的，荆州牧和益州牧是部下将帅推举的，司隶校尉是刘璋推举的，最高职位为左将军。

刘备称汉中王的时间是建安二十四年（219年），此前，建安二十一年（216年）曹操已晋位为魏王。此时，东汉中央政府还存在，名义上的国家元首还是汉献帝，所以刘备称王要履行向汉献帝报告的程序。刘备集团的文武官员由平西将军都亭侯马超领衔，紧随其后的是镇军将军许靖、营司马庞羲、议曹从事中郎射援、军师将军诸葛亮、荡寇将军汉寿亭侯关羽、征虏将军新亭侯张飞、征西将军黄忠、镇远将军赖恭、扬武将军法正、兴业将军李严等一百二十人，向汉献帝上表，推举刘备为汉中王。刘备称王后，蜀汉集团完成了由地方军事集团向割据国家的转变。

从上表的文臣武将看，蜀汉政权容纳了五种力量。一是由关羽、张飞、糜竺等组成的元从功臣集团，是资深的元老；二是以诸葛亮为代表的荆襄集团，包括魏延、杨仪、蒋琬、费祎、董允、马忠、马谡等，人才众多，《三国志·蜀书》所载的五十六位文臣武将，出自荆州的有二十九人，荆襄籍人士在蜀汉后期发挥了重要作用；三是以法正为代表的"东州士"，"东州士"原属刘璋政权，归附刘备后，功绩显著，李严也属"东州士"，在刘备去世后，李严是地位仅次于诸葛亮的人物；四是以杨洪、刘巴为代表的益州土著士人；五是以马超为代表的外来人士。

刘备称汉中王时，其文臣武将堪称豪华阵容，是蜀汉人才鼎盛时期。上汉献帝表中，有四人列名于诸葛亮之前：领衔的是马超，因为马超早就是一方诸侯，声名显赫；许靖、

汉末三国时，将军级别大致可以分为五级，第一级为大将军，掌握朝廷大权，位在三公（太尉、司徒、司马）之上，是中央政府的实际执政者。第二级为骠骑将军、车骑将军。第三级为前、左、后、右将军。第四级为四镇与四征将军（四镇即镇北、镇东、镇西、镇南，四征即征北、征东、征西、征南）。赵云担任过的最高职务是镇东大将军。第五级为"杂号将军"，这一类将军最多，职权相差很大。文学作品中出现的大多为"杂号将军"，如诸葛亮担任过的军师将军，法正担任过的扬武将军，赵云担任过的翊军将军，都属于"杂号将军"。

庞羲、射援都是"东州士",名望较高,他们列名在诸葛亮之前是名誉性质的,在蜀汉政权中的职位也是虚职,没有实际权力。

建安二十四年(219年),刘备称汉中王,拜关羽为前将军,假节钺(汉寿亭侯);拜张飞为右将军,假节(赤壁之战后受封新亭侯);拜马超为左将军,假节(早先已被封为都亭侯);拜黄忠为后将军,赐爵关内侯;提拔魏延为督汉中镇远将军,领汉中太守。赵云为"翊军将军",属杂号将军,职位不高。

这几位战将中,关羽、张飞、赵云属于元从功臣集团,黄忠、魏延属于荆襄集团,马超属于外附人士,黄忠、魏延资历名望远不及关张赵,马超名望很高,但加入蜀汉政权后战功并不显著;刘备称王后,关、张、马、黄分任前后左右将军,属于同一职级,关羽于是表示了不满。费诗专程到荆州宣布刘备的旨意时,关羽拒绝接受。费诗说:"成就王业,要用各方面的人才,当年萧何、曹参与汉高祖相交很早,后来韩信拜大将,位在萧何、曹参之上,没听说萧曹有不满情绪。"他还语带威胁地说,"若是将军不接受汉中王任命,我立刻返回,恐怕您将来会后悔。"

对于这段历史公案,通常认为是关羽气量狭小、不能容人。其实这种看法是不客观的。韩信是大将之才,领兵后,屡次以少胜多,是汉朝建立的第一功臣,马超、黄忠在蜀汉政权中的功勋远不能和韩信相比,费诗的这一类比本身就是

> 东汉的列侯分为三等:县侯、乡侯、亭侯。列侯封爵可传给子孙,不立国,无治民权,列侯的收入靠的是封地的田租和按人口征收的租赋,封地大的相当于一个县,小的则为一乡、一亭。关羽的汉寿亭侯,是第三等,汉寿是地名,"亭"表封爵的等级。

不恰当的；关羽镇守荆州，是独当一面的军政主官，职守之重要也远非马超、黄忠所能比；而且任命官员，要论才能、论军功、论名望、论资历，按这几条标准，关羽的职位都应该高于马超、黄忠。事实上，当时诸葛亮就表示了担忧，诸葛亮认为，定益州、战汉中，黄忠功劳很大，张飞身在前线，都看在眼里，可能不会有意见，而关羽远在荆州，他会不理解这个安排。刘备没有采纳诸葛亮的建议，仍然坚持安排四位战将处于同一职级。事后来看，刘备的这个安排是有问题的，按照关羽的历史贡献和所处的位置，他的职级应该略高于黄忠、马超，任卫将军、骠骑将军一类的职务比较适合。从历史的零星记载推断，刘备的这个举措，导致了刘备和关羽之间关系的微妙变化，关羽对刘备的这个安排其实还是难以接受的。当然，关羽并不是要据荆州反对刘备，而是急于立功，证明自己不俗的实力。

于是，在汉中之战刚刚结束的时候，关羽就发动了荆州之战。

永安托孤

建安二十四年（219年）五月，刘备夺取汉中。七月，刘备称汉中王，当月，关羽发起樊城战役，围曹仁于襄阳，拉开了荆襄之战的序幕。曹操见关羽攻势凶猛，急派于禁、庞德率兵驰援。

当时正值秋季，天降大雨，曹军七军皆没，于禁投降。

庞德则立于堤坝之上大战关羽。《三国志》对这一场大战描述得极为精彩，丝毫不逊色于《三国演义》。这场大战自早晨开始战至午后，关羽以优势兵力围困庞德，庞德身边的士兵越战越少，庞德则骑白马突入敌阵，箭无虚发，一箭射中关羽。最后，箭射完了，短兵相接，庞德越战越勇，随后准备乘小船返回曹仁大营，结果大水冲翻了小船，庞德被俘，不屈而死。庞德原是马超部下，出身汉末凉州军，战斗中常为先锋，勇冠三军，战力极强。经此一战，蜀汉军队声威大震，曹操的荆州刺史胡脩、南乡太守傅方投降，地方武装纷纷归附关羽。陈寿用了极不寻常的措辞——"威震华夏"——来形容关羽的胜利。

得知于禁、庞德战败，曹操极为震惊，一面急调大将徐晃增援，一面召开最高军事会议商议对策，甚至有人提出迁都以避锋芒。这时，曹操的军事参谋司马懿和蒋济献策说，可联合孙权来对付关羽。当年的赤壁之战，是刘备孙权联合

关羽刮骨疗毒图，出自颐和园长廊彩画。

起来对付曹操,十一年后,还是在荆州这个地方,曹操和孙权这两个宿敌又联起手来。

事实上,在关羽发起樊城战役时,孙权就已经做好偷袭关羽的准备了,为了进一步麻痹关羽,孙权以当时名望不高的陆逊代替原来的荆州主将吕蒙,陆逊致书关羽,表达问候之意,关羽放松了警惕,把荆州后方的部队源源不断调往樊城前线。

关羽俘获于禁人马数万,粮草不济,遂取孙权湘关米以充军粮。

孙权以此为借口,发兵突袭关羽后方。吕蒙的部队装扮成商人,悄悄摸上江岸,打败了关羽设在江边的警戒部队,偷袭关羽的大本营江陵。关羽的南郡太守糜芳在江陵,将军傅士仁屯驻公安,在樊城战役中,糜芳和傅士仁负责后勤保障,因为工作不得力,被关羽警告:"等我回来再处置你们。"二人惧怕关羽,在吕蒙的策反下先后投降,刘备委派的宜都太守樊友弃城逃跑,关羽经三峡退往西川的道路被堵死。

关羽于是退保麦城(今湖北当阳西南),孙权使人劝降,关羽伪降,在城上竖幡旗、立假人迷惑吴军,实际则率军逃走,路上军队溃散,只剩十余人跟随。孙权命令朱然、潘璋截断关羽向西退却的道路,潘璋的下属马忠俘获关羽和关平父子。不久,关羽父子被孙权处斩。一代将星就此陨落。

水淹七军、白衣渡江、走麦城,这些惊心动魄的历史时刻都发生在建安二十四年七月至十二月的短短半年之内,关

关羽被俘之后,与潘璋、朱然有怎样的对话,史书上全无记载,不像庞德被关羽俘获,《三国志·庞德传》详细记载了关羽与庞德的对话。裴松之注引的《吴书》中有孙权将关羽头颅寄给曹操,曹操以诸侯之礼安葬关羽的记载。

羽由"威震华夏"的"高光时刻"向"走麦城"的"至暗时刻"急剧坠落，好像坐上了历史"过山车"。谁该为荆襄之战的后果负责，自古以来，众说纷纭，莫衷一是。

一种说法认为，关羽应该为蜀汉丢失荆州负全责，甚至认为关羽不仅丢掉了刘备的半壁江山，而且引发了其后的夷陵之败，因此说关羽是蜀汉政权的第一罪人也不为过。这种说法的根据是：关羽为人强梁傲慢，鲁莽地破坏了孙刘联盟，为荆襄之战的失败埋下了远因。

事实上，建安十七年（212年）刘备率兵赴益州，其后又抽调张飞、赵云、诸葛亮率主力驰援益州，关羽独自镇守荆州达八年，依靠的兵力只是在刘琦旧部和自己所部水军基础上发展起来的部队，最盛时不过四万人左右，而面对的形势又非常险恶，北有曹操，东有孙吴。关羽以弱小的兵力周旋于两大强势集团之间，可以说在军事、外交、民政方面都有建树，不可因荆州之败否认关羽的贡献。

至于关羽发起的荆襄之战，有学者认为这是一次自作主张、轻率冒进的愚蠢行动，是一次时机不佳的军事冒险。

我们认为荆襄之战的失败，关羽和刘备都有责任，刘备的责任更大一些。刘备取得汉中之后，又占领了东三郡，打通了汉中和荆州的联系，但汉中与南郡之间仍有曹操占据的襄阳等阻隔，夺取襄阳、樊城等地便成了蜀汉下一步的战略目标。所以说，关羽发动荆襄之战是符合蜀汉的战略规划的。

关羽的主要问题，一是没有处理好与荆州主要官员的关

东三郡，指西城、上庸、房陵。

系，导致后方不稳、进而全线崩溃。

二是对东吴夺取荆州的意图没有清醒的判断，对东吴缺乏应有的警惕，高傲自大，在陆逊的麻痹之下，轻易调兵北上，给了东吴可乘之机。

三是荆襄之战选择的时机不好。当时，蜀汉刚刚以倾国之力打赢了汉中之战，兵员、物资的损耗极大，刘备又刚刚称汉中王，有许多内部的事务需要处理，而益州只是一州之地，对付曹操本来就有些力不从心，大战之后需要一段时间来休养生息。因此，关羽在荆州大战了半年之久，蜀汉集团竟然无一兵一卒援助关羽，关羽以半壁荆州力敌曹操和孙权，焉有不败之理。

刘备在荆襄之战的决策中，昏招迭出，当为失败负主要责任。在战役前期，关羽采用围点打援的战术，大败于禁七军，俘敌数万，斩庞德，逼降于禁，曹仁困守孤城、岌岌可危，如果抓住战机，拿下襄阳不是不可能，如此则历史可能改写。但刘备不仅没有派军队协助关羽，也没有派孟达出东三郡看住荆州的后方，以致最后关羽入川无路。刘备对孙权的战略意图毫无警惕，令人费解。早在汉中之战前，孙权索还荆州就险些引起了孙刘两家的大战，当时刘备率大军五万进驻公安与孙权对峙，孙权争夺荆州的战略意图刘备是非常清楚的，大战之际派一名战将协防江陵、看住东吴是应该采取的措施，可惜，刘备竟然无所作为。

刘备的无所作为与曹操、孙权形成鲜明的对比。曹操先

蜀汉政权是如何看待关羽的呢？我们可以透过蜀汉给予关羽的谥号看看蜀汉的真实态度。蜀汉刘禅给关羽的谥号为"壮缪侯"。武而不遂是为"壮"，名不副实曰"缪"，如果说前一个字还肯定了关羽带兵打仗的战功，后一个字则是"恶谥"，隐约批评了关羽负有丢失荆州的责任。后世，关羽走上了神坛，从宋代起，开始给关羽追谥，如"义勇武安王""壮缪义勇武安王"等。

后派庞德、于禁、徐晃等名将驰援荆州前线，后来还增派张辽等大将赶赴前线，曹操的"五子良将"有三人参加了荆襄之战，足见曹操守卫襄阳的决心；东吴方面则由孙权亲自筹划，吕蒙、陆逊、朱然、潘璋、周泰、徐盛、丁奉等名将都参加了袭取荆州的战役。敌对阵营兵力如此强大，而关羽手里只有数万久战疲敝之师，不败何待。

对于蜀汉集团不发一兵一卒驰援荆州的怪异表现，后世有些学者认为，刘备、诸葛亮因为关羽强势、尾大不掉，故意置关羽于死地，国学大师章太炎就持这种看法。我们认为，刘备与关羽之间的矛盾远没有尖锐到这种程度，而且，荆州是刘备的半壁江山，就这样弃置敌手也说不过去，所以这种说法很难被学界和大众接受。

刘备像

建安二十五年（220年）正月，曹操突然死于洛阳。十月，其子曹丕称帝，曹魏建国，都洛阳。魏黄初二年（221年）四月，刘备听说汉献帝已死（实际未死），于是即位称帝，以汉正统自居，都成都。同年八月，孙权称吴王，并将国都由公安迁至鄂县（在今湖北鄂州），改名武昌。三国鼎立的局面正式形成。

此时，距关羽败死刚刚过去一年多，失去荆州，又失去关羽这样一位将帅，刘备难以释怀，也难以向国内臣民交代。称帝不到一个月，刘备就筹划征吴，为关羽复仇。当时，蜀汉的许多文臣武将都认为时机不对，纷纷进言阻止，赵云说：大敌是曹魏，不是孙权，一旦交兵，后果难料。但刘备不听，还将反对东征的秦宓关进了监狱。

东征时，蜀汉内部的情况对刘备是不利的。就是刘备称帝的这一年春天，曹魏对蜀汉东三郡发动突袭，徐晃、孟达（此时孟达已投降曹魏）等击败刘封，占领该地，蜀汉势力退至汉中。刘封败还成都后，受到刘备斥责，后又下诏赐死。此前，法正、黄忠都已去世，雪上加霜的是，出兵前，张飞因虐待部下，被其帐下将领张达、范强所杀，连失谋臣战将，蜀汉军势已有所削弱。

外部环境对蜀汉也非常不利。得知刘备将大举征吴，孙权向刘备请和，而刘备"盛怒不许"。东吴重臣、诸葛亮的兄长诸葛瑾也劝谏刘备不要征吴，刘备还是不听。于是，孙权向曹丕称臣，曹魏、东吴两大势力联起手来对付蜀汉，本来，三国之中蜀汉力量最为弱小，现在又面临一对二的局面，形势相当不利。

称帝仅仅三个月后，即蜀汉章武元年（221年）七月，刘备亲率四万大军征吴。

刘备帐下有张南、吴班、冯习、陈式、黄权等战将。

战争初期，吴班、冯习等攻破吴军防线，占领巫县（今重庆市巫山县），进军秭归（今湖北秭归）。

孙权任命陆逊为主帅，统领朱然、潘璋、宋谦、韩当、徐盛、孙桓等名将迎战。陆逊时年三十七岁，他是江东世族，文武兼备，很有战略眼光，但是当时并不知名，刘备对他很是轻视。

> 诸葛亮对刘备东征是什么意见，史籍没有记载，后世治史者只是依据他事后的一句话"法正若在，必能阻止主上东行"来推测。诸葛亮内心大概是反对东征的，但在刘备决心已下的情况下，难以明确反对。

> 对于蜀汉的兵力，《三国演义》称七十多万，这是虚夸之说，当时三国总共的兵力也没有七十万；有的学者认为刘备的兵力在十万以上，我们还是采信史籍上的说法，孙权给曹丕的报告说，刘备的军队有四万人。

刘备征吴争荆州，有三条路线可走：一是顺江东下；二是走江北夷陵道；三是走江南夷道。蜀汉居长江上游，对于居于下游的东吴来说具有天然的地理优势。走水路，顺江而下，对东吴的威慑力最大，但是从水路进攻要靠水军，三国之中，水军力量最强大的是东吴，蜀汉的水军主要是关羽的部队，关羽败亡之后，蜀汉已经没有大规模的水军部队了，所以水路进攻已不可行。

江北适合大兵团作战，在平原地带野战，蜀汉的军队具有优势。尽管从秭归至夷陵的江北地区被高山（*神农架山脉边缘*）阻隔，但自夷陵通往当阳、江陵的夷陵道上则多为平缓的丘陵和谷地平野，便于大兵团的展开和作战。刘备不走江北，是因为江北邻近曹魏辖区，担心遭到曹魏和东吴的两面夹击。接下来，可选的只有江南一途了。江南多山，道路窄狭，蜀军擅长陆地平野作战，选择多山的江南作为主攻方向无疑是不利的。

刘备率大军出征，黄权献策：先由黄权率军做前锋，刘备率大军随后进发，这样如果情况不利，便于撤军，但刘备没有采纳这个建议。

章武二年（*即222年，章武是刘备的年号*）二月，刘备自秭归进兵，缘山截岭，进至夷道猇亭。遣侍中马良走小路前往武陵，联络那里的五溪蛮夷。刘备主力进军江南而不走江北，一个重要的考虑就是为了与五溪蛮夷合兵击吴，借以壮大自己阵营的力量。刘备自巫峡、建平至夷陵（*今重庆巫山*

至湖北宜昌），立数十营，以冯习为大督，张南为前部督。

陆逊审时度势，深知江北黄权率领的江北蜀军是偏师，便只派遣少数部队扼守夷陵阻其东进，而自己统率大军在江南夷道地区与刘备主力相持，避其锐气，坚壁高垒，只守不战。蜀军欲战不能，以致士气低落，警备松懈。陆逊乘其不备，下令全军发动突袭，火烧刘备四十营，张南、冯习及夷

火烧连营

王沙摩柯等阵亡,刘备大军土崩瓦解,死者数万人,尸骨漂流,顺江而下。被隔在江北的黄权被迫投降曹魏。刘备乘夜色慌忙逃遁,仅率少数随从退入白帝城,大量军需物资、舟船器械被东吴缴获。此时是章武二年(222年)夏五月,夷陵大战以刘备的惨败而告终。

章武二年(222年)夏六月,刘备败退之后,东吴军队追踪而至,在白帝城东南的南山驻扎,孙吴将领徐盛、潘璋等还想继续进兵,生擒刘备。刘备带回永安的军队很少,且经历惨败,士气低落,急需补充兵力,以确保夔门不失。据史籍所载,前来永安的蜀汉援军主要有两支。一支是镇守江州的赵云所部,另一支是巴西太守阎芝派来的兵马。在两支部队的增援下,刘备总算稳住了阵脚。而东吴方面也顾虑曹魏袭击后方,放弃了追击。

一生征战的刘备,在称帝之后竟然被后生晚辈陆逊打

白帝庙

得如此狼狈，他的心绪如何？惜墨如金的《三国志》记下了刘备的两次感叹。一次是在夔道被东吴孙桓的部队穷追猛打时，刘备感叹道："当年我到江东会见孙权，那时孙桓还是个孩子，今天我却被他追得惶惶不可终日，真是世事难料啊！"一次是退入白帝城之后，刘备感叹："我竟然败于陆逊之手，这或许是天意啊！"

从章武二年（222年）闰六月兵败退驻白帝城，至章武三年（223年）四月二十四日病逝，刘备在白帝城住了整整十个月。在这期间，刘备为稳定局势和身后事做了安排。

首先，刘备没有将战败的责任推给部下，对于投降曹魏的黄权，也没有追究。其次，改鱼复县为"永安"，建临时行宫"永安"。最重要的是，结束与东吴的战争状态，这是他反省征吴失败后做出的符合实际的重大政策调整。

在白帝城，刘备也度过了他一生中最后一段安定平和的日子，作为一个老年的君主，他和常人一样，开始珍惜家人，思念逝去的亲人。

章武二年（222年），刘备追谥甘夫人为皇思夫人，并迁葬于蜀。刘备一生究竟有过多少妻妾、后妃，史载不详。现在我们知道的一共有四位，即糜夫人、甘夫人、孙夫人和吴夫人。吴夫人是吴壹之妹，孙夫人是孙权之妹，糜夫人是糜竺之妹。糜夫人早亡，孙夫人已回到江东，其中有皇后名位的是甘夫人和吴夫人，吴夫人为刘备在世时册立，甘夫人为追谥。

刘备可能在章武二年（222年）冬或在三年（223年）初

甘夫人最初是刘备的侍妾，出身微贱，但她美丽而贤惠，是刘备的贤内助，为刘备生下了后主刘禅。在长坂坡，刘备被曹军追击，被迫丢下甘夫人和刘禅逃走，幸有赵云的保护，刘禅得以逃生。甘夫人年纪轻轻即在战乱中死去，尸骨埋在荆州南郡。后谥"昭烈皇后"，与刘备合葬于成都惠陵。惠陵是刘备与他的两位夫人——吴夫人和甘夫人的合葬陵，也是三国时代唯一留存至今、保存完好的帝陵。

> 据学者统计，刘备一生参与的战争共有25次，失败16次，胜利9次，败率达到64%。其中，刘备亲自督战或指挥的战争19次，失败10次，败率52%。在战争中，刘备四次被迫在战场上抛妻弃子，这是莫大的创痛。

患病，最初是痢疾，随即引起并发症。章武三年（223年）二月，刘备病情加重，他召诸葛亮和鲁王刘永、梁王刘理到永安，让太子刘禅留守成都。诸葛亮到白帝城后与刘备朝夕相处了两个月，根据史籍推断，针对蜀汉的政治布局和人事安排，君臣间曾有过多次交谈。但是交谈的内容大都没有保留下来，我们现在能看到的只有刘备告诫诸葛亮的话："马谡言过其实，不可大用。"

刘备在去世之前留给儿子两份诏书，在遗诏中刘备告诫儿子："勿以善小而不为，勿以恶小而为之"，"吾亡之后，汝兄弟父事丞相"，遗诏表达了对子女的期望，也明确了诸葛亮相父的地位。

刘备最重要的政治安排是将国政托付诸葛亮。刘备托孤给诸葛亮，以尚书令李严为副。刘禅当时不满十七周岁，才智平平，在三国鼎立的艰危局面下，难以承担保住蜀汉江山的重任，所以刘备的托孤不是在玩弄权术，而是明智的抉择。

对于刘备托孤的行为，陈寿在《三国志》给予了高度肯定，认为刘备把整个国家和儿子托付给诸葛亮，是君臣间的肝胆相照，是古往今来的典范。

时年四十二岁的诸葛亮，开始担负起治理国家的重任，开启了蜀汉历史上的诸葛亮时代。

蜀汉的诸葛亮时代

开府治事

刘禅建兴元年（223年），诸葛亮"开府治事"，成为蜀国内政外交军事的最高决策人，丞相府成为管理国家的最高行政机构。《三国志》注引《魏略》中刘禅的话"政由葛氏祭则寡人"来概括蜀国的政治格局，也就是说国家大事、用人行政都由诸葛亮做主，刘禅只是一个象征性的国家元首，负责国家礼仪性的工作。

诸葛亮像

诸葛亮是一个务实的政治家，在荆州已失、无法夺回的情况下，他接受了这个残酷的现实，派邓芝出使东吴，与东吴恢复同盟关系，摆脱了蜀国两面受敌的被动局面，重新恢复了"隆中对"中提出的"东和孙权北拒曹操"的政策原则，形成了蜀吴两家共同对抗曹魏的战略格局，此后，直至蜀国灭亡，蜀吴两国再没有发生过战争。

诸葛亮接过的是一个民生凋敝的蜀国。蜀国建立之后，基本上一直处在战争状态，尤其是夷陵之败使蜀国元气大伤,也使民心士气受到很大的影响。诸葛亮当政以后,积极发展经济,安定民生。

诸葛亮高度重视水利建设。都江堰是李冰开凿的,此后,成都平原成为"水旱从人,不知饥馑"的天府之国。为了维护都江堰,诸葛亮设置了"堰官",并组成了一支一千二百人的专门队伍,负责管护堤坝,疏通河道。都江堰成为滋润天府沃野的水利设施,保证了蜀地农业生产的恢复和发展。据传,在平定南中后,诸葛亮还把汉地先进的农业生产技术带到南中,促进了当地农业的发展。此外,诸葛亮还在提高盐铁技术、扩大蜀锦生产等方面,采取了许多得力措施。

成都的商业很繁荣,我们今天还能从西晋左思的《蜀

都江堰

都赋》中感受到当年商肆云集、人头攒动的热闹场面。1978年，四川威远黄荆沟出土了大量蜀汉货币，据统计，共有1703枚。一处窖藏就发现如此多的货币，说明蜀地货币流通的普遍性。

诸葛亮治蜀"开诚心，布公道"，依法办事，赏罚分明，因此，受到处罚的人都对他没有私怨。

如廖立，诸葛亮曾很看重他，说他是"楚之良才"，然而廖立恃才傲物，对自己的职位不满，满腹的怨气化作公开的诽谤，上至刘备，下至群臣，都被他抨击，诸葛亮不得不上表，将他削职为民，流放到汶山郡。李严是蜀汉的重臣，与诸葛亮一起接受托孤遗命，但他居心叵测，劝诸葛亮像曹操一样受九锡之礼，晋爵称王，后来又因支援北伐不力，巧言诿过，被流放梓潼郡。

廖立、李严虽然被流放，但都不怨恨诸葛亮，想着有一天诸葛亮会重新起用他们，听到诸葛亮去世，廖立悲泣道"我将终老于此地了"，李严听到诸葛亮去世的消息，发病去世。

诸葛亮权力很大，但他不是曹操、司马懿那样的"权臣"，他当政十二年，不迫害异己，不任人唯亲。在用人上，诸葛亮秉持的标准是：德才兼备，以德为先。

诸葛亮属荆襄集团，但他不搞荆州人的小圈子，选用的人才有很多是益州土著人士。犍为人杨洪，原来只是太守李严手下的一个属官，由于才能出众，很快就做了蜀郡太守，

> 唐诗里说："丞相祠堂何处寻，锦官城外柏森森。"据史学家考证，蜀汉的锦官就在现在的武侯祠附近。锦官是蜀汉管理丝织行业的专门机构，成都因此得名"锦官城"。

与他昔日的上司成了平级。蜀郡人何祗，最初只是杨洪手下的一个抄写文书的办事员，由于办事能力很强，迅速得到提拔，由郡吏到县令，由县令到郡守。成都人张裔，很有才干，曾被绑架到东吴，返回蜀汉时已经五十八岁了，诸葛亮对他非常信任，出师北伐时让他主持丞相府的工作。诸葛亮选拔的人才还有蒋琬、费祎、姜维等，他们在蜀汉后期的政局中发挥了重要作用。

诸葛亮是最早向国家呈报个人财产状况的重臣，他曾上表后主刘禅对个人家庭经济状况、财产来源等做了详细说明。他说家里有"桑八百株，薄田十五顷"，子弟衣食无忧，自己在朝廷身居高位，一些必需品都有朝廷供给，没有经营任何产业。诸葛亮去世后，朝廷核实他的家产"如其所言"，没有半点虚词伪饰。诸葛亮先前没有孩子，过继了诸葛瑾的儿子诸葛乔为子，诸葛亮对他要求很严，让他到汉中与其他将官子弟一起运粮，从不搞特殊；后来生子诸葛瞻，诸葛亮去世时，诸葛瞻才八岁，诸葛瞻后来在蜀国担任过较高的职务，但那是因为他个人的才干，诸葛亮生前从未给他做过任何安排。后来，诸葛瞻和儿子诸葛尚都在蜀国灭亡时战死。诸葛亮的廉洁自律，在汉末三国时代是难能可贵的，就是放在今天也是值得敬重的。

诸葛亮是一代贤相，但在用人行政上也不是十全十美。诸葛亮喜欢用勤勉谨慎的人，也重视有才干的人，但对于一些缺点和优点都比较突出的人，放手使用不够。如魏延，军事才干很突出，是蜀汉后期重要的军事将领，但他有偏激、自负、不容人的毛病，诸葛亮对他总是不太欣赏。后人对诸葛亮的另一个批评是，诸葛亮事无巨细都管，管的事情太多了，有点忙忙碌碌的事务主义，诸葛亮病逝在军中，也与他过于劳累有关。

总体上看，诸葛亮治蜀可以说是中国古代治理国家的典范之一。

在法律的制约和诸葛亮的率先垂范下，蜀汉朝廷官员大都能尽忠职守，蜀汉也出现了政治稳定、经济恢复发展的局面。

南征北伐

在北伐以前，诸葛亮率军南进，征南中。东汉末年的南中地区，包括今天云南和贵州的部分地区，自古以来就是多民族聚居的地区。刘备去世后，南中的大姓豪族雍闿、高定乘机作乱反对蜀汉政权。

建兴三年（225年），诸葛亮亲自率军南征，这次统兵，也是诸葛亮首次作为三军统帅统兵作战。诸葛亮当年三月兵发成都，五月渡泸、深入不毛，到了七月，南中平定，当年十二月，诸葛亮率大军返回成都，征南中战役前后历时将近一年的时间。在战略规划上，诸葛亮采纳了马谡的建议，采取"攻心为上，攻城为下，心战为上，兵战为下"的战略方针，在战争过程中对孟获七擒七纵，使孟获心服口服并保证再不反叛。征南中，稳定了蜀汉的后方，为以后的北伐创造了条件。

建兴五年（227年）春，诸葛亮准备出师北伐。行前，诸葛亮上表后主刘禅，这就是有名的《出师表》。

《出师表》是蜀汉政治上的纲领性文件，规定了蜀汉政权的政治军事战略目标，确立了各级机构的运行准则。从蜀汉建兴五年（227年）春，诸葛亮率领蜀汉大军进驻汉中，到建兴十二年（234年）秋，诸葛亮在五丈原病逝，长达七年的时间，诸葛亮大部分时间身在汉中前线，蜀汉政局没有发生大的变故，有力保证了北伐的顺利进行。

蜀汉建兴六年（228年）正月，诸葛亮发动了第一次北伐。行前，大将魏延建议，以一万兵力出子午谷，以奇袭的方式直捣长安。诸葛亮认为这个战法过于冒险，没有采纳。诸葛亮认为应该先取陇右，再东下争长安。诸葛亮以赵云、邓芝为偏师据箕谷，自率大军西攻祁山，这就是《三国演义》中所说的"一出祁山"。

刘备去世后，蜀汉休养生息，蜀魏边境一时比较安定，诸葛亮突然出兵，"戎阵整齐，号令严明"，曹魏朝野大为震动，天水、南安、安定三郡都叛魏投蜀，"关中响震"，形势对蜀汉相当有利。曹魏派大将军曹真和右将军张郃抵抗蜀军，诸葛亮不用魏延、吴壹等宿将，而起用马谡、王平等军中新锐，马谡缺乏实战经验，又违背诸葛亮的节度，被张郃打败，士卒离散，诸葛亮不得不退兵汉中。

《出师表》被选进了课本，所以大多数人都很熟悉它的内容。但大多数人对《出师表》背后的历史背景、对蜀汉的政治格局、对《出师表》在蜀汉政治中的作用理解不深。诸葛亮上表刘禅，是为了对"府中""宫中""营中"的人事任命、职责权力做周密安排。

战后，诸葛亮依据将领的功过进行了奖惩，依法诛杀了马谡及将军张休、李盛，特别奖励提拔了王平。诸葛亮还上疏后主，主动承担起了战败的责任，"自贬三等，以右将军行丞相事"。

蜀汉第一次北伐的失利，也不单单是马谡"失街亭"导致的。这次战役，蜀汉总兵力在十万人，曹魏仅有五万人，是蜀魏战争中蜀汉兵力占优的一次战役，但是蜀汉军队属于新组建的部队，蜀汉原来的主力部队已经在荆州之战和夷陵之战中损失殆尽。新组建的部队虽然也经过了训练，但是毕竟没有经过大战、恶战的历练，军队的战斗力较弱。而曹魏调往汉中前线的军队是"中军"，平时驻扎在京师洛阳、许昌一带，属于战略机动部队即总预备队，战斗力很强。

诸葛亮战后总结，认为应当加强军队的训练、奖拔年轻将领。我们说，诸葛亮是一个优秀的军事统帅，但他的才能也不是天生的，他也是通过在战争中学习战争，在失败中汲取教训而不断增长才干的。

诸葛亮的第二次北伐是在第一次北伐失利之后的当年，即建兴六年（228年）冬，诸葛亮听到孙权打败曹休，魏军东下，关中空虚的消息，在十一月上书后主，请求北伐。这次北伐，蜀汉军队从汉中出散关，围陈仓城。在陈仓，遇到了曹魏将军郝昭的顽强抵抗，诸葛亮采用云梯、冲车、地道等多种战术攻城，昼夜攻城二十余日，但都被郝昭打退，曹魏救兵到来，诸葛亮无奈退兵。在退兵途中，诸葛亮设伏兵，

> 诸葛亮第一次北伐，在《三国演义》和戏文中被编排为三个前后相连的故事"失、空、斩"，即"失街亭""空城计""斩马谡"，其中"失街亭""斩马谡"基本符合历史记载，而"空城计"则于史无据。当时司马懿在镇守荆州，不在汉中前线，所谓"空城计"根本是子虚乌有。

阵斩曹魏大将王双。

诸葛亮的第三次北伐是在建兴七年（229年）春季，诸葛亮派遣陈式进攻武都、阴平二郡，亲率主力迎战曹魏郭淮援军，这次战役取得了胜利，蜀汉占领了武都、阴平，这两郡在今甘肃陇南地区与甘南藏族自治州一带，是蜀汉的西北门户。在三国鼎立时期，疆域是比较稳定的，魏、蜀、吴虽然几乎无岁不战，但攻城略地的战果很少，蜀汉通过这次战役，开拓了领土，取得了主动。第三次北伐后，诸葛亮加强了汉中的防卫，在汉中修筑了汉、乐二城（汉、乐二城分别在沔阳和成固）。汉城的地理位置相当重要，由那里往南，有一条道路可以通四川盆地。蜀汉在短短两年内发动三次北伐，取得了攻占武都、阴平和阵斩王双的战绩，曹魏必然伺机报复，诸葛亮是有先见之明的。

蜀汉建兴八年（230年），魏明帝以曹真为主帅，以张郃、司马懿为统兵将帅，兵分三路，大举进攻汉中，摆出了一鼓作气灭亡蜀国的态势。当年秋季，魏军分兵数路发动进攻，诸葛亮亲率主力由沔阳东移至成固县境的赤坂，做好迎击敌兵的准备。魏军在进军中途遭遇持续恶劣天气，大雨连续下了三十多天，道路严重损坏，后方的粮食在潮湿的环境中已经腐烂，前方却陷入无粮的绝境。蜀军又在兴势等地占据峡谷阻击，魏军兵力优势在山地无法施展，后方补给也难以输送，因而被迫还师，蜀军主力未曾投入战斗就获得了胜利。这次战役，史称"子午之役"，雍凉都督曹真是"子午之役"的策划者和总指挥，此举消耗了大量财赋人力而寸功未得，曹真也在退兵后一病不起（次年三月病逝）。

蜀汉建兴九年（231年）二月，诸葛亮发动第四次北伐，也是"二出祁山"。在大军出动前，诸葛亮派遣魏延、吴壹带领偏师出师陇右。魏明帝委派司马懿接替病重的曹真统兵迎战。魏将张郃建议司马懿留驻上邽，派遣小股部队骚扰蜀军后方，逼迫其退兵。司马懿不肯接受，率军至祁山后采取避战对策，引起魏国将领的不满，他们说：您畏蜀如虎，难道不怕贻笑于天下吗？纷纷要求出战。迫于众将请战的压力，司马懿派魏军进攻，诸葛亮派魏延、高详、吴班拒敌，大破魏军，获甲首三千级，玄铠五千领，角弩三千一百张。此后，魏军固守据点，避而不战，双方相持达一月余，蜀汉军队因粮食和后勤保障不继而退军。诸葛亮在撤军途中设伏，以连弩射杀曹魏名将张郃。

第五次北伐，也是诸葛亮最后一次北伐，准备阶段始于建兴十二年（234年）。鉴于前四次北伐的经验教训，这次北伐诸葛亮做了充分的准备。首先是造"木牛流马"，方便在崎岖的道路上转运粮食和军事物资。其次，在汉中设置积贮粮食的"邸阁"，方便军队就近取粮。从后来诸葛亮北伐的情况来看，十余万军队在五丈原与魏军对峙半年之久，而未发生乏粮现象，反映出给养的充足。诸葛亮还积极"教兵讲武"，训练军队。自阵斩王双以来，蜀军的作战能力大为提高，未曾在野战当中输给对手，以至于司马懿"畏蜀如

张郃阵亡的时间和地点，文献记载各有不同，或言在魏蜀祁山交锋之前，死于木门；或言是诸葛亮自祁山撤兵之后，在青封阵亡。

木牛流马图

虎"。因此，第五次北伐，诸葛亮的战略有了很大的变化，一改前四次北伐攻击曹魏侧翼的做法，从褒斜道直出秦川。

建兴十二年（234年）春，诸葛亮率大军直出斜谷，占据五丈原，做出了走褒斜道直入关中、与曹魏军队在平原决战的态势。司马懿忌惮诸葛亮，坚守不战，采用固守据点待其乏粮撤军的策略。诸葛亮求战心切，派人去魏营下战书，引

177

司马懿出来决战。一次，他派人把妇女的衣服首饰送给司马懿，意在激怒司马懿，以达到决战的目的。不料司马懿不为所动，绝口不问军旅之事，只问诸葛亮生活起居。当司马懿听说诸葛亮事必躬亲，连责罚二十板子的事都亲自过问时，心中暗喜：食少事烦，怎么能长久呢？果然，这年八月，诸葛亮一病不起，病逝于五丈原。诸葛亮病逝后，长史杨仪领军撤退，司马懿不敢穷追，当时百姓戏称为"死诸葛走生仲达"，司马懿自我解嘲道："吾便料生，不便料死故也。"

诸葛亮去世后，谥号"忠武"，这在武将中是最高级谥号，历朝历代获此谥号的除了诸葛亮，仅有前秦王猛，唐代尉迟恭、郭子仪，宋代韩世忠，都是建有不世之功的军事统帅，说明时人首先肯定诸葛亮是一位优秀的军事统帅。当然也有认为诸葛亮军事才干平庸的，批评他连年北伐都没有实现收复中原的目的。持这一意见的代表人物恰恰是陈寿。陈寿认为诸葛亮治国的才能优于领军作战的才能，北伐之所以不能成功，是由于"应变将略非其所长"，而当时又缺乏韩信那样的名将。

我们回到当时的历史现场看，诸葛亮屡次北伐，与曹魏互有胜负，但蜀汉军队以汉中为基地，从几个方向出击，忽东忽西，使其防不胜防，疲于奔命，常常陷入被动，这是诸葛亮用兵有方的佐证。司马懿自知并非诸葛亮的对手，又不敢奢望在交战中冒险获胜，所以只能盼望着他早些病死。司马懿也不是寻常人物，他是三国时期一流的军事家，从这个

> 据宋杰先生考证，三国时期的祁山在今甘肃省礼县境内。曹魏筑城之祁山在今礼县城区以东之祁山乡，城堡所在的山峰地势陡峭，易守难攻，具有重要的军事价值。诸葛亮的北伐俗称"六出祁山"，实际上他只在祁山有过两次作战，分别是第一次北伐和第四次北伐。而且他所领导的北伐也没有六次，只有五次。

角度看，诸葛亮的军事才能是非常突出的。有学者认为，在汉末三国时期的军事家中，若论谋略和战绩，诸葛亮不及曹操；但全面、综合地审视，论战略战术、统率能力、改革创新、军事实绩，诸葛亮当之无愧地堪称一流，其整体成就和影响，仅次于曹操。诸葛亮在军事装备上的贡献更加突出，他的连弩冲车、木牛流马等极具巧思，有很高的实战价值，辗转流传至刘宋时期，仍被当时的禁军采用装备。至于北伐没有成功，原因比较复杂，主要的原因是曹操平定北方中原与关中之后，着力恢复发展当地建设，统治已经稳固；再加上曹魏在汉中前线兵力、给养上占优势，又采取持重避战的策略，故难以迅速摧毁。

对诸葛亮的另一种批评声音，恐怕就是为了吸引眼球而刻意作不负责任的翻案文章了。有人著文称，诸葛亮不信任魏延，故意在撤退时置其于死地。魏延没有要造反的企图，其被杀确是一桩冤案，但这并不能说魏延的死是诸葛亮的阴谋。魏延与长史杨仪不和，诸葛亮去世前将军队的统率权交于杨仪，这是魏延不服、不满的起因。然而魏延也有过失，大军失了主帅，应当赶紧撤兵，不当恋战，魏延却说"丞相去世了，我还健在，你们可以运送丞相的遗骸返回，我还要率军和魏军作战"。军人以服从命令为天职，各个时代均如此，魏延公然抗命，所以被蜀汉认为要造反，也是情理之中，这件事不能过分苛责诸葛亮。

诸葛亮以自强不息和马革裹尸的精神为蜀汉政权、为中国的统一大业奋斗了一生。后世文人学者，对诸葛亮北伐不能成功表达了极度的惋惜，如"出师未捷身先死，长使英雄泪满襟"（杜甫《蜀相》），"时来天地皆同力，运去英雄不自由"（罗隐《筹笔驿》）。

蜀汉的后诸葛亮时代

> 蒋琬与费祎、董允，加上诸葛亮，被称为蜀国"四相"，又称为"四英"。建兴十二年(234年)八月，诸葛亮病逝于五丈原军中。诸葛亮病逝前，向后主推荐蒋琬、费祎作为自己的接班人。

受《三国演义》的影响，人们对诸葛亮之后的蜀国，了解的似乎只有"姜维九伐中原""黄皓弄权"，这是不符合历史实际的。诸葛亮死后，蜀汉还存在了二十九年，其中，蒋琬、费祎执政时期就占了十九年，几乎是蜀汉四十三年历史的一半。由于蒋琬、费祎都是诸葛亮选定的接班人，我们姑且把蒋琬、费祎执政的时期称为"后诸葛亮时代"。

蒋琬当政

诸葛亮逝世前，朝中职务最高的官员是吴壹，军中则是魏延，蒋琬是抚军将军，属杂号将军，只是中级官员。诸葛亮去世比较突然，国中骤失栋梁，庙堂内外震恐。后主刘禅按照诸葛亮临终前的遗命，任命蒋琬为尚书令，总统国事。此时，司马懿率领的曹魏大军驻扎在渭南一带，窥伺蜀汉，随时可能入侵汉中；孙吴则增加巴丘（今湖南岳阳）守军万人，有在蜀汉政局混乱时夺取地盘的意图。针对渭南的司马懿，蒋琬举荐吴壹为车骑将军，严阵以待，司马懿见无隙可乘，只得退军。针对孙吴，他一面下令增强守备，一面派遣右中郎将宗预到东吴拜见孙权，重申联盟抗魏的宗旨。蒋琬处变不惊，从容镇定，很快稳定了局势，赢得了蜀汉朝野上下的信任。

延熙七年（244年，延熙是刘禅的第二个年号），曹魏大将军曹爽率领十余万大军进攻汉中，当时镇守汉中的镇北大将军王平守兵不满三万，形势千钧一发，蒋琬从容调度，与费祎、王平、刘敏通力合作，打败了曹魏大军。

蒋琬当政时期，还努力安定民生，发展经济，增强国力。延熙九年（246年），蒋琬病逝。蒋琬执政十二年，蜀国政局稳定，国力增强，要论历史地位，蒋琬高于姜维。

配合蒋琬执政的，除费祎外，重要的人物首推董允。董允是董和之子。董和曾在刘璋手下任益州郡太守，执法严谨，为政清廉，深得民众拥戴。董允年轻时即与费祎齐名，在蜀汉政坛上很有影响，诸葛亮北伐，委托董允掌管宫中事务，后主喜爱宦官黄皓，董允数次直言劝谏，后主刘禅非常敬畏他，董允在世时，黄皓不敢为非作歹，可惜，延熙九年（246年），董允也去世了。

费祎继任

蒋琬为政的特点是格局大，宽宏大量，能容人，处事简约，不搞花架子，不搞形式主义；而费祎则记忆力超强，才干过人,处事干练,有泰山崩于前而色不变的气度。在曹魏军队进攻汉中、羽檄交驰、军队调动频繁的大战前夜,费祎还能与大臣来敏从容对弈,毫无慌乱的神态。延熙六年(243年)他升任大将军、录尚书事,与大司马蒋琬共同执政。蒋琬逝世后,他成为蜀汉的头号重臣。

延熙十一年(248年)五月,大将军费祎率领蜀军主力出屯汉中。费祎抵达汉中的第二年(249年),魏国发生了高平陵事变,司马懿诛灭曹爽集团,曹魏大将夏侯霸投降蜀汉。费祎看到有机可乘,便派遣姜维出兵伐魏。延熙十三年(250年),蜀汉发动西平之役,姜维出征西平,俘获了曾任曹魏中郎的西平豪族郭脩,郭脩表示愿意投降蜀汉,后主刘禅任命他为左将军。

可是谁也没有料到,郭脩是三国时期的著名刺客,演了一出三国版"无间道",在历史上影响深远。郭脩是假投降,他潜伏在蜀汉的朝堂之上,准备刺杀后主刘禅和蜀汉重臣,由于后主周围防备严密,他无从下手。延熙十六年(253年)正月,费祎在汉寿(今四川广元市昭化镇)军中庆贺岁首(春节),大宴宾客,郭脩趁众人酒醉,于大庭广众之下将费祎刺死。魏明帝下诏褒奖郭脩说:"郭脩于广坐之中手刃费祎,可谓杀身成仁。"费祎被刺,对蜀汉政局产生了相当不利的影响。费祎执政稳健,维持了诸葛亮、蒋琬以来较为安定的局面,他去世之后,朝政渐被宦官黄皓等奸佞操纵,铸成了以后蜀汉灭亡的远因。

姜维北伐

建兴六年（228年）春，诸葛亮首次北伐时姜维归蜀，时年二十七岁。诸葛亮很看重姜维，称他"忠勤时事，思虑精密"，任命他为仓曹掾，加奉义将军，封当阳亭侯，延熙十九年（256年）进位大将军，成为蜀汉最高级别官员。

姜维是继承诸葛亮北伐遗志最坚决的蜀汉将领。《三国演义》上说姜维"九伐中原"，事实上，姜维与曹魏战斗的地方基本上是在陇右，姜维的北伐前后有十次之多，可分为前后两个阶段。

第一个阶段是蒋琬、费祎执政时期，姜维先后四次北伐，即延熙三年（240年）陇西之役，延熙十年（247年）洮西之役，延熙十二年（249年）麹山之役，延熙十三年（250年）西平之役。在西平之役中，姜维领兵不过万人，从蜀中到曹魏西平郡（*郡治西都，今青海西宁*）往返数千里，孤军深入敌境，面对优势兵力奋战得胜，并俘获了西平豪族郭脩，全师而还，堪称盛举。

第二个阶段是从费祎被刺当年（253年）至蜀汉灭亡前夕（262年），姜维在这十年之内率领数万部队共向曹魏雍凉地区发动了六次进攻。即延熙十六年（253年）南安之役，延熙十七年（254年）狄道、襄武之役，延熙十八年（255年）洮西、狄道之役，延熙十九年（256年）段谷之役，延熙二十年至景耀元年（257年—258年）兵出骆谷，景耀五年（262年）

侯和之役。

在延熙十八年（255年）的洮西、狄道之役中，姜维大败曹魏雍州刺史王经，曹魏军队死者数万人，曹魏在陇右的兵员、器械与粮饷遭受了沉重损失，军事形势对蜀汉相当有利，姜维于是再次出兵北伐。

姜维于延熙十九年（256年）发起段谷之役。姜维和汉中都督胡济立誓同时出征，在上邽会师。不料胡济毁约未至，邓艾在祁山等地又早有准备，致使蜀汉军队遭到了惨败，姜维麾下久经战阵的精锐部队损失二万人。蜀汉全国军队只有九万到十万人，所以这次损失相当惨重。

姜维的最后一次北伐是侯和之役，此时距蜀汉灭亡只有一年。姜维于当年十月进攻曹魏的洮阳，其兵力数量不详，在侯和被邓艾挫败，被迫返回沓中（今甘肃舟曲县）。

纵观姜维历次北伐，大胜一次即洮西之役，大败一次即段谷之役，其余小胜两次，相持不克者五次，小败一次。

从姜维的战力和军事指挥能力看，他明显强于王经，与郭淮、陈泰大致相当，却明显不敌邓艾，屡次被其挫败。

即便如此，姜维仍不失为蜀汉后期文武兼备、最具才能的将领，曹魏朝野也一致认为姜维才干出色，是蜀汉君臣仰仗的栋梁之材，司马昭甚至曾经试图派刺客刺杀姜维。

不过，段谷之役失败后，姜维的威信大为降低，诸葛瞻、董厥甚至建议后主以右大将军阎宇代替姜维。

传统史家认为黄皓专政是导致蜀汉在三国中第一个灭亡

的主要原因，如《三国志》所说："（黄皓）操弄权柄，终至覆国。"不过，陈寿并未给黄皓立传，黄皓的事迹散见于其他人的传记。

从零星记载中我们得知，黄皓是蜀汉宫中的一个宦官，出身低微。对于幼年丧母，十七岁丧父的后主刘禅来说，黄皓作为陪伴在身边的人，自然十分亲近。至于黄皓是年长于刘禅，还是年龄相仿，史书没有透露任何信息，我们也无从推断。可以得知的是，刘禅很早就依赖信任黄皓，但在董允、蒋琬、费祎执政时期，对宦官防范很严，黄皓只是一个供驱使的宦官，还不能对朝政施加影响。费祎去世以后，陈祗出任尚书令，黄皓势力有比较明显的膨胀，到景耀元年（258年），黄皓相继任职中常侍、奉车都尉，开始进入朝廷决策核心，"宦人黄皓始专政"，此时离蜀汉灭亡只有五年时间了。

黄皓在蜀汉宫中经营的时间很长，有二三十年时间，在他周围形成了一个小圈子，到姜维主政的时候，他看到黄皓周围有很多支持者，"众多附之"，关键是朝中执政的重臣有不少黄皓的支持者或者是附和者，除陈祗外，还有董厥、阎宇和诸葛瞻。当然，支持黄皓的也不是我们平常意义理解的"奸臣"，比如诸葛瞻，他是诸葛亮的儿子，在蜀汉朝廷威望很高，在蜀汉后期担任卫将军，是后期的执政大臣；董厥，早年做过诸葛亮丞相府的令史，在陈祗死后升任尚书令；阎宇，右大将军，处事干练，很得同僚信任。执政大臣中只有樊建与黄皓的关系比较疏远。他们与黄皓走到一起，除了因为黄皓深得后主信任外，有共同的政治理念也是重要的原因。在姜维"段谷之役"失败后，在对待北伐的问题上，蜀汉官员分化为主和派和主战派。蜀汉朝廷上下反对北伐的声音成为主流，诸葛瞻、董厥和黄皓都想要以阎宇取代姜维，就是反对姜维继续频繁发动战争。所以，当姜维上表后主想要杀黄皓时，后主说：黄皓只是一个趋走小臣，当年董允容不下黄皓，真是可恨。后主实际上是借痛恨董允来警告姜维。姜维得不到后主的支持，又看到黄皓的势力很大，所以只好远离成都，到沓中（今甘肃舟曲县）屯田。

黄皓得势后，对不附和的大臣进行构陷和打击，后主的弟弟刘永因为不附和黄皓，竟然有十几年都见不到后主，陈寿、罗宪是蜀汉后期才干突出、忠于蜀汉政权的大臣，都受到黄皓的排挤。

黄皓对蜀汉最大的损害是，他插手蜀汉的军事防御决策，铸成不可挽回的大错。景耀五年（262年，景耀是刘禅的第二个年号），曹魏在关中结集军队，准备伐蜀，姜维上书要求在阳平关口（也称阳安关，在今陕西勉县老阳平关）、阴平桥头（今甘肃文县境内白龙江与白水江汇合处）加强防卫。姜维的建议是正确及时的，而黄皓和刘禅在这件军国大事上，表现出了十足的无知和不负责任，黄皓相信鬼神，认为曹魏是虚张声势，后主便听信黄皓，在这两个重要关口不做布置。更为离谱的是，刘禅竟然不向百官通报军情，以至于曹魏即将大举进攻，文武大臣还茫然不知。

蜀汉在汉中的防卫策略调整也给了曹魏军可乘之机。景耀元年（258年）前后，姜维向刘禅提出建议，对汉中的防卫策略做大幅度的调整。新的防卫策略是：驻守汉中的国防军戍守汉城（今陕西勉县南）与乐城（今陕西城固县南），采取坚壁清野、诱敌深入的战术，倚靠阳平关（或称阳安关）、关城（今陕西宁强县阳平关镇）、白水关等多重关塞来阻击敌人。另外，派出"游击部队"，对进入汉中的敌寇进行打击。待入侵敌军疲乏缺粮而被迫撤退时，"游击部队"与守城部队共同出击歼灭来寇。

蜀汉朝廷同意了姜维的作战计划，让汉中都督胡济率部分军队撤往汉寿（今四川广元市昭化镇），其余部队集中到汉、乐二城，外围仅留驻很少的警戒人员。驻守汉、乐二城与秦岭诸围的蜀军仅留万余人。

其后，姜维由于与黄皓的冲突公开化，而远赴沓中屯田——汉中的防务是按照他的意见调整的，他本人反而远离前线，也远离中央，去了偏僻的沓中。即便他仍然关注着前线局势，但却很难及时赶回调度、统率诸军。曹魏的司马昭也是一位具有战略眼光的军事家，他看到了蜀汉军事部署的漏洞，不顾邓艾等宿将的反对，适时发动了大规模的伐蜀战争。

> 与诸葛亮的谨慎持重相比，姜维的军事部署具有相当的冒险性。蜀汉的防御策略以往是依靠秦岭数百里峡谷，扼守各处关隘，利用地形险阻以寡敌众，阻止魏国大军入侵，费祎、王平防御汉中的成功都证明了这一战略的成功。姜维的撤围以诱敌深入的策略则丧失了拒敌的地理优势，使自己兵力乏少的缺陷暴露无遗，在防御上处于被动的境地。

刘禅降魏

曹魏景元四年（263年）五月，曹魏大举伐蜀。司马昭的军事计划是，以偏师围攻姜维，令征西将军邓艾率三万人自狄道趋甘松，进攻姜维；令诸葛绪率三万人自祁山趋武街桥头（今甘肃成县以西），断绝姜维归蜀之路；主力由镇西将军钟会统领，大军十余万人，从斜谷、骆谷、子午谷分道并进，直扑汉中。

由于姜维撤销了一部分军事据点，钟会的曹魏军队主力顺利通过了秦岭天险，曹魏军队并未全力围攻蜀军集中戍守的汉、乐二城，仅留下少数兵力监视，大军继续西行，直奔阳平关口。蜀汉守关将领是蒋舒和傅佥，傅佥战死，蒋舒降魏。当年刘备大军与夏侯渊相持一年之久的阳平关被曹魏轻松突破，曹魏取得阳平关后，得到了蜀汉存储在汉中的大量军需物资，继续向蜀中腹地进军。

姜维摆脱了邓艾和诸葛绪的围攻，还军阴平，在白水与廖化、张翼、董厥等合并一处，退守天险剑阁（今四川广元西）。

钟会在剑阁遇到了姜维军队的顽强阻击，而且道路险远，粮秣不继，钟会准备退兵，前两次曹魏伐蜀失败的历史似乎将要重演。

但邓艾反对钟会退兵，他认为，应该出奇兵攻击蜀汉的腹心，攻其不备，出其不意，蜀汉必定崩溃。

这年隆冬十月,邓艾自阴平小道行七百余里崎岖山道,一路上开山架桥,粮食吃完,几次陷入进退不得的窘境。邓艾身先士卒,以毡布裹身,从山道翻滚而下,将士士气大振,随邓艾攀木缘崖,鱼贯而进。至江油,蜀汉守将马邈投降。

诸葛瞻率军于绵竹与邓艾大战。诸葛瞻虽然是诸葛亮的儿子,但缺乏实战经验,指挥能力无法与久经战阵、骁勇善战的邓艾匹敌,诸葛瞻与其子诸葛尚战死,邓艾大军迫近成都。

邓艾大军压境,刘禅召集群臣会议,商讨对策。有的建议出奔吴国,有的建议退守南中,以光禄大夫谯(qiáo)周为首的主降派力主投降曹魏。谯周说,奔吴是下策,哪有到别国去做天子的,退守南中也不可行,曹魏占领成都后,必将继续进军南中。谯周不仅陈说利害,还搬出天命来说服后主。刘禅接受了谯周的意见,向邓艾投降。

蜀汉炎兴元年(263年),后主刘禅自缚赴邓艾军中投降,四十年的太平天子终为俘虏。

后主投降的诏敕下发蜀汉全国,各地守军纷纷放下武器投降,姜维的士兵拔剑击石,对于后主轻易投降的行为表示愤慨。姜维试图假投降,以保存力量再图复国。次年(264年)正月,邓艾由于钟会的构陷而被杀。钟会妄图据蜀中割据反魏,不愿反叛的魏军作乱,钟会和姜维都为乱兵所杀。

后主向各地将官颁发了归降敕令,驻守永安的罗宪也接到了这一指示。永安只有区区两千名守军。听到蜀汉灭亡的消息后，东吴派兵来攻打永安，刘禅既然投降了曹魏，作为守土永安的战将，罗宪只能向曹魏投降，而不能向东吴投降。

尽管兵员奇缺，蜀汉败亡后永安局势混乱，吴军又乘机来攻，但是罗宪临危不惧，迅速安定民心，组织了坚决的抵抗。罗宪先后打败了东吴建平太守和西陵督步协的进攻。东吴皇帝孙休恼羞成怒，增兵三万，派吴国当时最善战的将领陆抗率众围攻永安。陆抗的大军对于永安孤军具有压倒性的优势，尽管如此，却仍未能攻破城池。曹魏方面原本没出兵援助罗宪的打算，后来被其忠勇气概所感动，才发兵来救，迫使吴军撤退。

驻守永安的罗宪以少胜多坚守永安，维护了蜀汉军人最后的尊严，可谓是蜀汉落日的余晖。

存在了四十三年的蜀汉灭亡了。

蜀汉灭亡后，刘禅举家东迁来到洛阳，曹魏封他做了个"安乐县公"，到洛阳后，刘禅还活了八年，晋泰始七年（271年）死去，活了六十五岁。在三国的第二代皇帝中，他算是长寿的，曹丕才活了四十岁。

刘禅给后世留下的印象，一个是"扶不起的阿斗"，一个是"此间乐，不思蜀"，以不思进取的滑稽形象留在了中国的历史中。其实，蜀汉灭亡后，大臣对刘禅的评价并不低，他们认为刘禅可比齐桓公，能任用贤臣。对于他投降曹魏的举动，陈寿给予了充分肯定，他说"刘氏无虞，一邦蒙赖，周之谋也"，就是说刘氏皇族得以保全，蜀汉人民没有遭受战争的摧残，都是因为谯周建策投降的功劳。近年来，还有学者做翻案文章，高度评价后主，说"后主原本是英才"。

评价后主刘禅，也应还原到当时的历史环境中去看，不能用我们今天的标准来衡量。公平地说，在中国多如过江之鲫的皇帝中，刘禅不是一个暴君，他从来没有屠戮大臣、草菅人命的暴行；其次，刘禅有自知之明，他自己的能力有限，因此能充分向主政大臣授权，前期他依赖诸葛亮，后期依赖蒋琬、费祎、姜维等，他在位期间蜀国的政局基本上是稳定的。

作为一国之君，刘禅也有致命的弱点。诸葛亮在世时说他"不辨朱紫"，是指他分辨能力不强，作为国君刘禅缺乏起码的战略眼光和统御能力。在蜀汉后期，由于姜维的北伐屡屡受挫，蜀汉内部失败主义情绪抬头，谯周写了《仇国论》，否定了蜀汉北伐国策的正当性，在蜀汉上层造成了一定程度的思想混乱，刘禅不加制止；汉中主将胡济与姜维相约出兵，竟然敢于失约不至，导致姜维段谷之役大败。在秦汉军法中，失期不至是重罪，是死罪，可是胡济却未受到任何处罚，仍然担任汉中都督，表明蜀汉朝廷已经处于纲纪不振，有令不行、有禁不止的境地。

刘禅信任黄皓，导致朝政昏暗，有许多官员不称职，政治上不可靠。例如蒋舒，因为对自己的境遇不满就投降曹魏，导致阳平关轻易地被曹魏攻破。驻守江油的马邈，对阵从阴平小道偷袭的邓艾，全无斗志，轻易投降，其实邓艾的军队没有辎重，没有后援，战斗力并不强，马邈只要坚守江油十余日，邓艾必败。马邈投降，邓艾缴获了大量辎重后，战力才大为增强。另一方面，有才干、有能力的将领得不到重用，如罗宪，才干突出，对蜀汉忠心耿耿却屡受排挤。

　　蜀汉灭亡前夕，军队还有相当的战斗力，姜维阻钟会主力十四万大军于剑阁天险，不得前进一步，双方处于相持状态，旷日持久，必然不利于劳师远征的曹魏一方；而邓艾的军队是偏师，只有两万余人，即便邓艾攻破了绵竹，也未必能轻易攻入成都，但是刘禅作为一国的君主，缺乏战斗意志和统筹能力，被主张投降的官员左右，向曹魏投降，作为一个君主，刘禅是平庸、昏聩和不负责任的。所以，我们说刘禅是"扶得起的阿斗"，如果说有诸葛亮、蒋琬、费祎那样的大臣主政，刘禅就可以做一个拱手而治的贤君，如果自己主持朝政，他缺乏起码的识人用人的能力，在三国那样一个英雄辈出、政治军事斗争激烈的舞台上，刘禅注定只能扮演一个失败的悲剧角色。

坐断东南——读《吴书》，说东吴

提及三国，人们重视的是曹魏和蜀汉，《三国演义》的出现更强化了这种看法。其实，在魏、蜀、吴三国中，东吴国祚最长，三国鼎立，在很大程度上是魏、吴南北对峙。东吴创业的两代三位君主都是少年英雄，在这些少年英雄周围聚集起了三国时代极富光彩的英雄豪杰，周瑜、鲁肃、吕蒙、陆逊，如一颗颗星辰照亮三国历史的星空，留下了光彩夺目的身影，可谓江山如画，一时多少豪杰。

 孙坚 孤微发迹

东吴政权的奠基人孙坚,字文台,东汉吴郡富春(今杭州市富阳区)人,生于桓帝永寿元年(155年),与曹操同年,比刘备大六岁。《三国志》中说,孙坚是春秋时军事家孙武的后代,不过,经过学者考证,这是孙坚家族发迹以后的说法,不足为信。其实,孙坚出身于以种瓜为业的农民家庭,属于社会下层。

孙坚在十七岁时就与海贼作战,在乡里声名显赫。此后,被当地政府任命为代理县尉。熹平元年(172年),会稽郡有一个叫许昌的人起兵谋反,自称"阳明皇帝",聚众万余人,郡县震动。孙坚以郡司马的名义,招募了千余名勇士,参与讨伐许昌,并取得胜利。战后,孙坚因功先后被任命为盐渎丞、盱眙丞、下邳丞(县丞相当于副县长)。这时,孙坚已经离开家乡,去江北做官了。

黄巾起义爆发后,江东会稽人中郎将朱儁推荐孙坚担任"佐军司马",下邳的乡里少年因敬慕孙坚,纷纷自愿从军,孙坚又招募商旅及淮、泗精兵共千余人投入战斗。

> 东汉三国时代的江东,今天一般称作江南,也就是苏、浙、沪一带的长三角地区,现在是中国经济最发达的地区,文化繁盛,民风尚文。但在东汉三国时代,这里却是经济落后的地区,民风剽悍、好战尚武,以家族复仇闻名。

当时，孙坚的军队虽然人数不多，但孙坚作战勇猛，往往身先士卒，带头冲锋，在他的带领下，部队作战十分顽强，在众多部队中脱颖而出，号称劲旅。在与汝、颍黄巾军作战时，孙坚率众先登宛城（**今河南南阳**），立下军功，被提升为别部司马。

中平二年（**185年**），朝廷任命司空张温为车骑将军，西讨边章、韩遂。当时，中郎将董卓为破虏将军，与荡寇将军周慎并受张温节度指挥。孙坚则在张温身边"参军事"，是

孙坚登城

军事参谋一类的官员，随军驻扎于长安。第二年，孙坚随张温回到京师洛阳，被东汉朝廷拜为议郎。

中平四年（187年）冬十月，长沙发生了区星领导的农民起义，区星自称将军，率众万余人，围攻城池，四方震动。东汉朝廷任命孙坚为长沙太守。孙坚亲率将士兵临长沙，以军事政治双管齐下的方式，采取分化瓦解的策略，成功地平定了长沙郡。东汉朝廷为嘉奖孙坚的功绩，封他为乌程侯。这时，孙坚已经是有了一定势力和声望的地方武装强人。

汉献帝初平元年（190年）三月，长沙太守孙坚响应关东诸侯讨伐董卓的倡议，率部北上，在进军途中先后攻杀了荆州刺史王叡与南阳太守张咨，与后将军袁术会师于鲁阳。

此时，孙坚的部队已有数万人之众，袁术的部队也不过数万，且战斗力不如孙坚。但孙坚出身低微，而袁术则是一流世家大族的后代，威名赫赫，孙坚只能加入袁术阵营，并将南阳郡的控制权拱手让给袁术。袁术得以占据南阳。孙坚得到的回报是袁术推荐孙坚担任破虏将军、豫州刺史。

初平二年（191年）二月，孙坚在梁县（今河南临汝县）以东，被董卓部将徐荣打败，孙坚只率领数十骑突围而出，徐荣部队紧追不舍，孙坚部下祖茂戴上孙坚的赤色头盔引开徐荣部队，孙坚才得以脱险。孙坚收集散兵及旧部，进驻阳人（今河南临汝县西）。董卓派遣东郡太守胡轸和骑督吕布统领步骑兵五千人追击孙坚，吕布和胡轸分属并州军和凉州军，双方互不信任，龃龉不断，军队配合不力，孙坚乘机出

鲁阳（今河南鲁山），是东汉时期的战略要地，鲁阳地处今天的南阳和洛阳之间，为伏牛山所环抱，地势险要，是控制荆州、争霸中原的战略枢纽。

> 《三国演义》第五回写孙坚败于华雄之手，关羽温酒斩华雄，属罗贯中虚构情节，与史实不符。学者又有考证，华雄本名为叶雄，华雄是在史书中的误写。

击，大破董卓军，阵斩都督华雄。

孙坚阵斩华雄，军队逼近洛阳。有人对袁术说：孙坚勇猛难制，如果得到洛阳更加如虎添翼，岂不是前门除狼后门入虎，其患无穷吗？于是，袁术对孙坚起了疑心，不运军粮给孙坚。阳人与鲁阳相距一百多里，孙坚连夜骑马飞奔去见袁术。孙坚见到袁术，以刀划地，慷慨陈词：我所以奋不顾身，与董卓死战，上为国家出力讨贼，下为报将军家门之仇，我与董卓并没有私人恩怨，而将军却听信谗言，猜忌于我，实属不该！袁术理屈，当即调发军粮，恢复供应。孙坚接连获胜，对董卓产生了极大震撼，董卓叹道：只要杀了二袁、刘表、孙坚，天下就会服从我了。

为了对付这支劲敌，董卓想用策反的办法来降服孙坚，派部将李傕去游说孙坚，以让孙坚子弟出任刺史郡守为条件，换取孙坚合作。孙坚严词拒绝：董卓逆天无道，倾覆王室，今不将董卓夷灭，死不瞑目！孙坚驱军进驻太谷，距洛阳九十里。

> 太谷为中平元年汉灵帝所设洛阳外围八关之一，位于洛阳东南太谷口，山势险要，可居高临下雄视洛阳。董卓胁迫汉献帝西迁长安后，自己仍留住洛阳指挥军队抵御关东州郡的讨伐部队。

为了击退兵临城下的孙坚，董卓亲自率军出战，孙坚大败董卓，董卓率军队退守渑池。洛阳城内，吕布率军迎战孙坚，孙坚率军攻击洛阳宣阳城门，打败吕布，吕布弃城逃走。

孙坚军队进入洛阳后，祭扫东汉宗庙，修复诸皇陵，安抚百姓。这时，发生了一件怪事。孙坚的部下在洛阳城南甄官井上发现有五色气环绕，大家惊异，谁也不敢到井里汲水。孙坚令人深入井下,发现了一枚熠熠生辉的玉印,印上刻着八个大字:受命于天,既寿永昌。有熟知东汉宫廷掌故的人告诉孙坚,这是传国玉玺,是从秦始皇那里传下来的,当时宫廷大乱,大宦官张让挟持皇帝逃走,掌印官慌忙之中将传国玉玺投入井中。

> 秦始皇统一中国后,将和氏璧琢为玉玺,命丞相李斯在其上书写"受命于天,既寿永昌"八个字,奉为天命的象征,所以叫传国玉玺。

孙坚收复洛阳的功业在举国上下产生了巨大的政治影响。孙坚以捍卫东汉朝廷、讨伐董卓为己任,驱军北上二千余里,作战最坚决,战绩最辉煌,是关东诸军中唯一一支主动出击并取得大胜的军队。

不过,孙坚与袁术结盟则是他缺乏政治远见的行为,而袁术这位盟主也给他带来了灭顶之灾。攻占洛阳一年之后,袁术派孙坚征讨占据荆州的刘表,孙坚打败刘表部将黄祖,并乘胜追击,渡过汉水,包围襄阳。屡战屡胜使孙坚产生了轻敌思想,他作为一军统帅竟然单枪匹马巡视岘(xiàn)山,被黄祖的士兵射死,死时年仅三十七岁。

陈寿评价说:孙坚勇挚刚毅,孤微发迹(从社会底层成长为一方诸侯),有忠壮之烈,然而,性格中有急躁冒进的缺点,所以,竟然在与黄祖的战斗中意外身亡了。

孙坚虽然意外身亡,但身后留下一支基本武装力量,并凝聚起一个核心团队,包括孙坚的妻弟吴景,侄子孙贲,战将程普、黄盖、韩当、朱治等。孙坚死后,这支军队由孙贲率领,仍追随袁术。尽管剩下的部队人数不多,却是久经战阵、忠诚于孙氏父子、战力极为强大的百战精锐。日后,孙

岘山中伏

策正是靠着这支基本力量打开江东局面的。

孙坚有五个儿子：嫡子孙策、孙权、孙翊、孙匡，庶子孙朗。孙权称帝后，追谥孙坚为"武烈皇帝"。

# 孙策并江东

孙策，字伯符，生于熹平四年（175年），比弟弟孙权大七岁，比曹丕大十二岁，比刘备的儿子刘禅大三十二岁。孙策十七岁领兵，二十六岁英年早逝，在九年的戎马生涯中，为东吴创下了江东六郡的根据地，是东吴政权创业奠基的人物。孙策大器早成，在三国的历史上虽然来去匆匆，却如一颗闪亮的彗星，为后世留下了一段段荡气回肠的英雄传奇，同时代人称他"与项籍相似"，《三国演义》就直接称他"小霸王"了。孙策在英雄气概上不输项羽，在足智多谋、善用人才上还胜过项羽。

当年，孙坚领兵在外征战时，年幼的孙策带领弟弟和母亲一起住在寿春（今安徽寿县）。据《三国志》记载，孙策相貌堂堂，一表人才，文武兼通，豁达大度，又是将军孙坚的长子，因此，在乡里知名度很高。与孙策同年的周瑜慕名来访，两人一见倾心，遂结为生死之交。孙坚意外战死时，孙策只有十七岁。当时，孙氏集团在江东没有寸土根据地，孙坚留下的为数不多的军事骨干力量还被袁术控制着，十七

岁的孙策面临的就是这样一个危难的局面。

由于弟弟们年幼,孙策先把家迁到了江都(今江苏扬州境内)。可是,当时任徐州牧的陶谦害怕孙策在自己的地盘内发展力量,不容孙策。不得已,孙策只好将母亲和弟弟安置在曲阿(今江苏丹阳),自己则投奔舅舅丹阳太守吴景,并招募了数百名兵士,开始了戎马生涯。

兴平元年(194年),孙策带着自己的队伍投靠袁术。袁术见到年轻英武的孙策,赞叹不已:"我要有个像孙郎一样的儿子,就死而无憾了。"袁术尽管欣赏孙策,但又对他怀有戒心,并不信任他。袁术最初许诺让孙策担任九江太守,后来却将这个职位给了自己的亲信陈纪。后来,袁术进攻徐州陶谦,向庐江太守陆康求米三万斛,陆康不许,袁术大怒,派孙策进攻陆康,并发誓许愿道:上次错用了陈纪,这次你只要打下了庐江,一定委任你为庐江太守。孙策与陆康也有旧怨,当年,孙策曾拜访陆康,陆康却避而不见,只派自己的主簿草草接待了孙策。于是孙策与陆康大战,攻下了庐江,可是,袁术却再次食言,任用自己的老部下刘勋为庐江太守。经过这两次事情,孙策深知袁术不信任自己,便筹划离开袁术另谋发展。

此时,孙策的舅舅吴景和从兄孙贲被扬州牧刘繇的部队逐出丹阳,吴景和孙贲率部退居历阳,与刘繇的部下樊能、张英在横江津对峙。孙策乘机向袁术请兵:孙家在江东有势力,愿意出兵,占领横江后,再回家乡招募,可以得到三万军队，到时候可以帮助将军平定天下。袁术心知孙策心有怨恨，而当时刘繇占据曲阿，王朗占据会稽（**郡治在今浙江绍兴**），孙策兵少将寡，未必能有什么作为，就答应了孙策的请求。袁术将孙坚的旧部千余人交给孙策统领，并任命孙策为折冲校尉、行殄（tiǎn）寇将军。

孙策面对的江东，是一个群龙无首的混乱局面。衰败的东汉朝廷曾在长江一线任命宗室为州牧，先是刘焉为益州牧，然后是刘表为荆州牧，又以刘繇为扬州牧。刘繇是东莱名士，他担任扬州牧，有代表东汉中央制衡袁术的意思。扬州治所寿春在袁术手中，刘繇避袁术而渡江，以曲阿为基地，于是，就有了袁扬州和刘扬州的对立。刘繇担任扬州牧的时间很短，在江东并无根基。

兴平二年（195年），孙策率军进入江东。一路上，孙策军纪严明，得到了百姓拥护，行至历阳（今安徽和县）时，已拥有五六千人，与周瑜会师后声势更加浩大。

当时，刘繇与薛礼、笮（zé）融组成联军，抵抗孙策军。孙策先击败笮融，接着又渡江进攻薛礼，薛礼败走。然后，孙策又击败刘繇手下大将樊能，俘虏万余人。

在战斗中，孙策中箭，伤及腿部。有人报告笮融说孙策被箭射死，笮融于是转守为攻。孙策将计就计设下埋伏，大破笮融军。孙策连战皆捷，乘胜进入曲阿，刘繇弃军逃走，各地郡守慑于孙策军威，纷纷弃城逃走。

占领曲阿，孙策在江东取得了一个重要据点。孙策亮

《三国演义》第十五回"太史慈酣斗小霸王　孙伯符大战严白虎"中说，孙策以父亲孙坚留下的传国玉玺为质，向袁术借了三千兵马，以这三千兵马为基本队伍平定了江东。当年，孙坚在洛阳得到了传国玉玺，后来传国玉玺确实到了袁术手里，但袁术是如何得到传国玉玺的，《三国志》没有记载，不过《后汉书·袁术传》却有明确记载：袁术扣押了孙坚的妻子，逼孙坚交出了传国玉玺。总之，孙策用传国玉玺为质向袁术借兵的说法，属于罗贯中的虚构，与史实不符。

相江东,以勇冠三军的形象威震大江南北,地方武装纷纷投靠,兵力很快得到了扩充,拥兵二万余人,成为江东最强大的军事集团。

打败刘繇后,孙策的兵锋便直指会稽。孙策采用奇袭战术,阵斩王朗大将周昕,占领会稽,王朗投降。

建安二年(197年),袁术称帝,孙策坚决反对,从此脱离了袁术集团。

此后,孙策军队势如破竹,先后攻灭了陈瑀、刘勋和江东地方豪强严白虎等。

建安四年(199年),孙策进军荆州,展开了对黄祖的复仇之战。孙策在战场上亲自擂鼓助阵,策马奔驰,激励士卒,江东士兵以一当十,奋勇当先,遂大破黄祖军,黄祖几乎全军覆没,只身逃走。

孙策基本平定江东后,开始着手建立孙氏政权。孙策自任会稽太守,以舅舅吴景为丹阳太守,以从兄孙贲为豫章太守;分豫章一部为庐陵郡,以孙贲弟弟孙辅为庐陵太守,以朱治为吴郡太守,以张昭、张纮、秦松、陈端为谋士,组成了以孙氏宗族为主、孙坚旧将为辅的政权,为日后孙吴立国建立了稳固的根据地。

在三国军事集团的领袖中,孙策是二代主,但同时他又是江东基业的创始人,孙策是三国创业领袖中最年轻的一位英雄。曹操于初平三年(192年)占领兖州时,已经三十八岁了;刘备在赤壁之战后夺得荆州江南四郡,有了自己的根据

江东桥公有两个女儿,号称国色天香、倾城之貌,建安三年(198年),孙策娶了桥公之长女,是为"大桥",周瑜娶了小女儿,即为"小桥"。唐朝诗人杜牧在《赤壁》诗中说:"东风不与周郎便,铜雀春深锁二乔。"这"二乔"说的就是孙策和周瑜的夫人,在《三国志》中乔为"桥"。这一年,孙策和周瑜都是二十四岁。

地时,年已四十八岁;而孙策平定江东时,年仅二十四岁。

东吴政权是三国各大军事集团中发展最迅猛的,从孙策起兵到平定江东,不过短短六年时间。进军江东的行动更是一次狂飙突进的旋风行动,所向披靡,在江东基本没有遇到强有力的抵抗。孙策平定江东的行动之所以能够成功,除了江东没有强大的军事集团的因素,孙策杰出的政治、军事才能和战略规划能力是关键性的因素。

我们读《三国演义》得到的印象,孙策是一个能征惯战的战将、性情暴烈的武夫。但从历史上看,他更是一位见识高远的政治家,他深知取得胜利的关键是争取民心。在进军江东的过程中,他"军令整肃",在江东深得人心,受到了江东父老的大力拥护与衷心爱戴,这在三国时期的军事领袖中是非常突出的(同时代的袁术、袁绍都有放任军士掳掠民众的行为,曹操在取得兖州以前也依靠掳掠补充军需,还有在徐州屠城的残暴行径)。可见,孙策能够在短时间内顺利平定江东,不是仅凭自身的才智及勇武,民心向背才是制胜关键。孙策的政治远见,还表现在他与袁术果断切割。脱离了袁术集团后,孙氏集团成为一支独立的强大势力,曹操因此举荐孙策为吴侯、讨逆将军。

孙策也是三国时期非常著名的军事家。孙策战场嗅觉特别灵敏,善于捕捉战机,打了一系列主动仗,在奇袭刘繇、智取王朗、击败严白虎的战斗中指挥若定,体现出高超的军事指挥艺术。

孙策身经百战,视死如归,堪称猛将。在攻打笮融的战斗中,中箭负伤,坚持不下战场,在征讨黄祖时,他亲自击鼓,激励战士。孙策以过人的武勇、超群的胆略,把组建时间很短的军队,锻造成了一支所向披靡、百战百胜的铁军。

作为一位军事集团的统帅,孙策的另一个特点是善于发现人才、使用人才。太史慈曾是刘繇的部下,他与孙策大战,并夺取了孙策的兜鍪(dōu móu),但孙策俘获太史慈

神亭交手

后，爱其才能，不计前嫌，充分信任，太史慈从此成为孙策麾下的一名勇将。事业成败，关键在人，孙策为东吴政权罗致了一大批杰出人才，如周瑜、太史慈、虞翻、张昭、张纮、吕蒙、朱然、蒋钦、周泰。这些文臣武将成为东吴政权的中坚，辅佐孙权，成就了东吴的霸业。

陈寿在《三国志》中充分肯定了孙策的功业，他说孙氏集团能够割据江东，"策之基兆也"，认为孙策是创立基业的人，他还用"英气杰济、猛锐冠世、览奇取异"概括了孙策的杰出才华。

陈寿也指出了孙策性格上的致命弱点，就是"轻佻果躁"。孙策文武兼备、才华横溢，这就导致他过度自信、过度争强好胜。高岱是江东的著名学者，专研《左传》，孙策为了显示自己的才能，专门学习了《左传》，然后找来高岱辩论。不料，高岱听说孙策最恨他人强过自己，拒绝与孙策辩论，故意一问三不知，孙策大怒，竟然杀了高岱。孙策是一个政治家、一位军事统帅，何必要与一位学者在学术上争短长呢？这个事暴露了孙策心胸狭隘、缺乏容人雅量的一面。

于吉是一位江湖术士，在江东颇负盛名。一次，孙策在城楼上大宴部将，听到于吉从此路过，竟然有三分之二的部将扔下孙策不顾，下楼去迎接于吉、拜服于地，这大大损害了孙策的权威，孙策不顾母亲的求情杀掉了于吉。

高岱是有名望的学者，于吉是道教的代表人物，孙策杀了他们，导致江东土著世族与孙氏政权关系紧张。

孙策喜欢打猎，喜欢纵马飞奔、追逐猎物，把随从甩得远远的。一位谋臣曾指出：作为一位统帅，这是身入险地。孙策表面上接受了批评，其实不以为然。

东汉画像石上的畋猎场面。

建安五年（200年），曹操与袁绍战于官渡。孙策准备袭击许都，迎取汉帝。一天，孙策外出打猎，与随从走散，遭到了前吴郡太守许贡门客的暗杀，孙策身负重伤。据《三国志》引《吴历》说，孙策本来伤不致死，医生嘱咐他好好养护，百日勿动。孙策姿貌很俊美，是个美男子，他又是个"颜值控"，一天，他揽镜自照，发现创口毁伤了面容，遂情绪激动，捶着桌案发怒，致使伤情急剧恶化，不久身亡。

去世前，孙策对身后事做了从容安排，他将权力交给年仅十九岁的弟弟孙权。孙策意外身亡，给时人和后人留下了无尽的遗憾与惋惜。

孙权称帝后，追尊父亲孙坚为始祖武烈皇帝，兄孙策为长沙桓王。后世人认为，孙权对待孙策这位东吴政权的奠基人是不公正的。

# 孙权立国称"大帝"

孙权，字仲谋，生于东汉光和五年（182年），比诸葛亮小一岁，比刘备小二十一岁。孙权也是名副其实的少年英雄，他十九岁继承父兄基业，历经艰难险阻，建立了东吴帝业，在政治、军事、外交、经济上都有卓越的建树，是三国时期第一流的政治家。中国历史上有很多大帝，如"汉武大帝""康熙大帝"等等，但这都是后人的评价，不是历史上正式的名号，历史上以"大帝"为谥号的只有孙权一人。孙权在位二十三年，是三国时期在位时间最长的皇帝，享年七十一岁，是三国时代最长寿的皇帝，如果从执掌东吴政权算起，他统治东南长达五十三年。孙权的一生也为后人留下了很多谜团，比如东吴建政最早，孙权却为何迟迟不敢称帝？孙权前期对大臣推诚相待，后期却为何百般猜忌、甚至"果于杀戮"呢？孙权最喜爱的儿子是孙和与孙霸，可是孙权却杀死了孙霸、废黜了孙和，这究竟是为什么？

坐领江东

孙权早慧，潜心读书，读过《诗》《书》《礼记》《左传》《国语》，以及不少兵书。孙权当政后，在诸多问题上多谋善断，有识人用人之明，这与他重视学习密切相关。据史书记载，孙权状貌奇伟，方颐大口，目光炯炯，父亲孙坚认为这是大贵之相。刘备见过孙权后，也大为惊异，说孙权"长上短下，难为人下"，也就是说孙权上身长下身短，站姿很稳，有帝王之相。史书上还说孙权是"紫髯"，也就是说胡须是紫色的，《三国演义》说得更玄乎，说孙权"紫髯、碧眼"，那就是紫胡须、蓝眼睛，像是欧洲人的体貌了。古人习惯以骨相论贵贱，这当然没有科学依据，是一种迷信，但一个人如果气度非凡、善于读书思考，也会在外貌上体现出来，所谓"腹有诗书气自华"，所以以体貌论人又包含着品评者观察人物的历史经验，也不可一概视之为"宿命论"。

孙权很早就置身军旅，参与了孙策平定江东的军事斗争，十五岁时就当了县长。孙权胸襟开阔、处事果断，有纵横天下的远大志向，孙策很看好他，以为孙权的才能志向超过自己，所以当孙策意外身负重伤不久于人世时，毫不犹豫地将统治江东的接力棒交到了时年仅十九岁的孙权手上。

孙策虽然打下了江东六郡，但统治还不稳定，孙权统事以后，局面变得更加艰险，摆在孙权面前的有三大危机。

其一,"深险之地犹未尽从"。东汉末年,在今江苏、江西、浙江、安徽、福建等省的山区,散居着许多"椎髻鸟语"的山越人,此后,在他们聚居的地方又迁入了一些躲避战乱的汉人,这些居住在山区的民众,在史书中被统称为"山越"。山越以强宗骁帅为首,组成地方武装,小者数千人,大者数万人,他们与东吴政权为敌,动摇了东吴的基层统治基础。

其二,江东的世家大族反对孙氏集团的统治,他们与居住在山险之地的山越渠帅互通声息,社会影响很大,孙策执政时采取高压统治,杀戮立威,但成效不大。

其三,许多流寓在北方的名士,不知道孙氏在江东能否长期立足,所以意存观望,不愿加入孙氏集团,也不愿意明确表示拥护孙权的态度。

更为凶险的是,孙策毕竟是一位杰出的军事领袖,对军队掌控力强,可以杀伐决断,有实行高压统治的资本,而孙权是个年轻人,事功威望不足,虽然他继承了父兄的基业,但与老臣宿将们需要有一个磨合的过程,能否服众,取决于他能否应对危机、稳定局面。

孙权执政后,首先稳定旧部。孙策的旧部重臣以周瑜、张昭为首,孙权兄事周瑜,尊张昭为师,又以程普、吕范为将。张昭、周瑜等看到孙权雄才大略、有帝王之资,就倾心辅助孙权,孙氏集团团结一心,局面渐渐稳定下来。

孙策死前对孙权说:率兵打仗,与天下争衡,卿不如我；举贤任能，以保江东，我不如卿。孙策当着张昭等人所说的这一番话，其实是面对江东艰难时局对继承者孙权的政治遗嘱。孙策希望孙权不要再像他自己那样只是专注于武力的征服，继续与江东当地世家大族为敌；要推行文治、举贤任能，尤其要注意吸收北方流寓士人加入政权。这样，才能逐渐摆脱孤立地位，以求在江东长久地存在和发展。孙权不负孙策的嘱托，改变了统治策略，"招延俊秀，聘求名士"，孙策在位时意存观望的北方名士鲁肃、诸葛瑾等纷纷进入孙权幕府，一时间出现了"众士归附、人心悦服"的繁盛景象。

稳定了内部之后，孙权开始消灭内部的分离势力、镇抚山越。庐江太守李术背叛孙权，孙权利用袁曹官渡相持、曹操无力他顾的时机，一举荡平了李术。

孙权于建安六年（201年）至建安十二年（207年），利用北方处于战乱之机，集中力量镇抚山越，他分派诸将，分片镇抚，孙吴的名将大多参加了镇抚山越的战斗。据粗略统计，孙权将山越的精壮之士十余万补入军队，弱者成为编户齐民，累计有五十余万。孙权镇抚山越的政策获得了极大的成功，增强了东吴的力量。

在孙权平定山越的同时，曹操也基本消灭了中原的割据势力。这时，荆州的刘表成为仅次于曹操的割据势力。

建安十三年（208年），孙权一举攻灭刘表的江夏太守黄祖，但还未来得及扩大战果，曹操已率大军南下，继承刘表的刘琮不战而降，曹操占领荆州。

接着，曹操率军顺流东下，准备一举平定江东。他写信恫吓孙权：今治水军八十万众，方与将军会猎于吴。面对来势汹汹的曹军，东吴内部形成主和与主战两派，以张昭为首的主和派占绝大多数，他们对战胜曹操没有信心，主张投降曹操。孙权支持主战派周瑜、鲁肃，力排众议，拔剑砍掉桌案一角，说"诸将吏敢有复言当迎曹者与此案同"。这是何等气魄！在随后爆发的赤壁之战中，由于孙权有抗曹的巨大决心，在战略战术上部署得当，取得了孙刘联军五万战胜曹军二十万的辉煌战绩。在赤壁之战中，日后魏、蜀、吴三国的主要人物在同一历史舞台亮相，演出了一场波澜壮阔的历史大戏。其中，二十六岁的孙权是极为光彩夺目的人物。

东吴四英将

孙权是三国时代第一流的政治家，但不是一个优秀的军事家，论起运筹帷幄远不如同时代的曹操、诸葛亮、司马懿，也不善于临阵突敌，战功并不显著。《三国志》中记载了十次孙权亲自指挥的战役，大都无功而返。建安二十年（215年），孙权亲率大军十万人围攻合肥，被曹军将领张辽、李典、乐进所率的七千精兵打得大败，孙权自己都差点当了俘虏。孙权虽不善于领兵作战，但他善于用将，东吴历史上决定国运的三大战役：赤壁之战、荆州之战、夷陵之战，孙权都没有亲临战场，指挥这几次战役的是周瑜、鲁

赤壁古战场

肃、吕蒙、陆逊，史称东吴四英将。

东吴四英将首推周瑜。周瑜，字公瑾，庐江郡舒县（今安徽庐江）人，世族出身，堂祖父、堂叔都曾担任高官，父亲也曾担任洛阳令。周瑜生于东汉熹平四年（175年），卒于建安十五年（210年），享年三十五岁。周瑜是孙策的好友，他的军事才能在辅佐孙策江东创业时已初露锋芒。孙策死后，江东局面一度十分混乱，只是靠着周瑜等人的全力支撑，孙权才稳住局面。在赤壁大战中，周瑜主战，坚定了孙权的抗曹决心，是联合抗曹阵营中的核心人物，赤壁之战将周瑜的军事才华做了全方位的展示：对形势的预判、战略规划、临阵指挥、战术安排以及博采众议、能谋善断的胸怀。三国时代的人对周瑜的评价很高，说他"文武筹略，万人之英""器量广大"，孙权说"公瑾雄烈，胆略兼人，遂破孟

唐诗中论及东吴人物的咏东吴诗仅有四十七首，而与周瑜有关的诗作就有十九首，占了咏东吴诗的近二分之一。

德，开拓荆州"。一直到唐代，周瑜都是受到高度褒扬的三国人物。

周瑜不仅是一位战功卓著的军事家，而且行止儒雅，博览群书，尤其精通音乐。《三国志》曾记载："瑜少精意于音乐，故时人谣曰：'曲有误，周郎顾'。"最早吟咏周瑜音乐才华的诗人是王绩，其诗云："不应令曲误，持此试周郎。"至于《三国演义》中将周瑜描述成气量狭小、妒贤嫉能的反面典型，只是小说家言，不足为信。

鲁肃，字子敬，临淮东城（今安徽定远东南）人，生于东汉熹平元年（172年），卒于建安二十二年（217年），享年四十五岁。鲁肃出身于豪族世家，家产甚丰，可是他却不像当时一般大族那样热衷于聚敛财物，而是"不治家事，大散财货"，结交乡邑英杰。鲁肃也不像《三国演义》中描述的那样，是一位文弱、鲁钝的士大夫，而是"体貌魁奇，少有壮节"，既精通骑射，又有文名，眼界更是高远，有过人之明，是一位文武兼备的人物。

鲁肃的战略眼光和深刻的洞察力，在三国时代可与诸葛亮比肩。在鲁肃加入东吴阵营不久，一次孙权大会群臣后，单独将鲁肃留下，与鲁肃"合榻对饮"，讨论国家形势。鲁肃预料到，将来会是几个政权分立的状态，曹操统一中国的行动短期内不会实现，孙权应谋求鼎足江东，再寻求统一中国，这就是历史上著名的"榻上策"，又称"江东对"。他和诸葛亮对形势发展的判断是一致的，两人同样比较准确地把握了当时的客观形势，提出了远大的政治目标，而鲁肃的"榻上策"却比"隆中对"早了七年。

在赤壁之战中，鲁肃也发挥了重要作用，甚至不逊色于周瑜。孙权在战和之间举棋不定时，周瑜当时并未在场，鲁肃在这里起了定海神针的重要作用。鲁肃坚定主战的态度与正确的敌情形势分析，极大地坚定了孙权的抗曹决心。同时鲁肃建议，召回周瑜，做抗曹的军事准备。鲁肃的另一功勋，是在促成孙、刘联盟中所发挥的关键作用。《三国志》中就指出：孙刘联盟，首倡者是鲁肃。鲁肃在推动孙刘联盟方面居功至伟，而正是孙刘结盟，才保证了孙刘在赤壁之战中的胜利。鲁肃的政治远见集中表现在他始终坚决维护孙刘联盟上，在荆州之战一触即发时，鲁肃邀请关羽到营中赴会，这就是《三国演义》中描写的关羽单刀赴会，关羽的形象被描绘得近乎完美。不过，历史的真实是，鲁肃在会上指责刘备一方背信弃义，有理有节，而关羽则无言以对。鲁肃以外交手段化解了一场危机，既争得了己方的利益，又不使联盟破裂，不愧为高明的政治家、外交家。鲁肃是继周瑜之后，东吴一方的统帅性人物。孙权曾高度评价鲁肃在赤壁之战中的功勋，但也指出鲁肃的短处是劝孙权借荆州给刘备。其实，在三国鼎立的形势下，维护孙刘联盟，是合两弱对一强，正是鲁肃战略眼光长远的表现。

吕蒙，字子明，汝南富陂（今安徽阜南）人，生于东汉光和元年（178年），卒于延康元年（220年），享年四十二岁。吕蒙早年投身军旅，能征善战，屡立战功，但他出身贫寒，少年时"不修书传"，传达命令时都是口授。一次，孙权对吕蒙说："你如今身居要职手握军权，不可以不学习。"吕蒙推说军务繁忙，没有时间。孙权就以光武帝刘秀身在军旅手不释卷和曹操老而好学来激励他，吕蒙才醒悟，开始学习。他读书涉猎很广，日积月累，超过了宿儒耆旧。鲁肃来到吕蒙军中，交谈之下，大感惊异，感叹吕蒙已经不是当年的"吴下阿蒙"了，吕蒙自豪地说"士别三日，当刮目相待"。与鲁肃重视孙刘联盟不同，吕蒙的战略是占领荆州，全据长江中游，凭借长江天险与强大的曹魏抗衡。孙权采纳了吕蒙的建议，吕蒙采用"白衣渡江"的偷袭战略打败了关羽，为孙权占领荆州立下了奇功。孙权评价吕蒙"筹略奇至"仅次于周瑜，只是言谈风雅、雄姿英发上还比不上周郎。

陆逊，字伯言，吴郡吴（今江苏苏州）人，生于东汉光和六年（183年），卒于东吴赤乌八年（245年），享年六十二岁，是三国时期最杰出的军事家、政治家之一。孙权称帝后，他曾任上大将军、丞相，是三国时代少有的出将入相的人物，陈寿著《三国志》，除三国君主外，其余将相大臣诸人物都数人合为一卷，唯独诸葛亮、陆逊两人是各自独占一卷，由此可见陆逊在三国史上的重要地位。宋人洪迈《容斋随笔》将周瑜、鲁肃、吕蒙、陆逊并称为"一时英杰"，誉为孙吴立国的柱石。

陆氏家族为江东世家大族，陆逊少年丧父，随其从祖父庐江太守陆康，在其任所读书。孙策攻打庐江，陆康将陆逊及亲族家人送回吴郡。此战中，陆康病死，陆氏家族死伤过半。陆逊辈分虽低，但年龄却比陆康长子陆绩大数岁，此后就成了吴郡陆氏家族的掌门人。在当时吴郡人士中，陆逊以博览书传而著名。建安八年（203年），陆逊二十一岁时，入孙权幕府。在讨伐山越的战斗中，陆逊初步展示了军事才能。孙刘争夺荆州是三国时期最重要的战役之一，以往史家往往把战功都归于吕蒙。其实，陆逊在这次战役中发挥的作用至关重要，是他与吕蒙配合默契，才取得了争夺荆州的胜利。

使陆逊一战成名的是吴蜀夷陵之战，当时陆逊只有三十九岁，而蜀军的统帅刘备年已六十余，且久经战阵，根本没有将名不见经传的陆逊放在眼里。蜀军进展神速，声势浩大，从巫峡到夷陵的长江沿岸，军营连成一片，浩浩荡荡，形势对吴军非常不利。陆逊实行战略退却，避开蜀军锐气，不与蜀军决战，等待战机，终于火烧连营，大败蜀军。

东吴黄武七年（228年），魏、吴爆发战争，陆逊大败魏国大司马曹休于淮南石亭。夷陵和石亭两战，使陆逊作为三国时代超一流军事家的形象永久留在史册上。陆逊不仅用兵如神，而且文武兼资，是三国时代杰出的政治家。陆逊的晚年是不幸的，作为东吴重臣，他卷入了两宫争斗中，在废立太子的问题上触怒了孙权，在孙权的责让和威逼中，郁郁而

> 陆逊在二十一岁时出仕做官，在夷陵之战前，陆逊当过地方官，带兵打过仗，在打败关羽的战争中，他先后平定了武陵郡和宜都郡，功勋卓著，《三国演义》把陆逊写成毫无带兵经验的书生，其实与史实相距甚远。

219

终。陆氏家族是东吴政坛上的常青树，枝繁叶茂，出现了两位丞相、十余位将军，有五人封侯，陆氏家族在东吴是执掌军政重权的力量。

陆逊能够脱颖而出，与孙权的善于识才、敢于用人是分不开的，陈寿在《三国志》中就表示叹服，"既折节于陆逊的奇谋伟略，又叹服于孙权的识才之明"。

孙权的善于用人在三国时代是非常突出的，他的人才政策是求其所长，弃其所短，不求全责备，不用人唯亲；从多方面破格起用人才，并能用人以专，信而不疑。除东吴四英将外，张昭、顾雍、潘濬、步骘、周泰、潘璋、黄盖、丁奉、阚泽、甘宁等皆为一时之选，文韬武略出众，他们都在孙权的统御下发挥了重要作用，造成了东吴鼎足之势，影响了历史的进程。这些风采各异的英雄人物，在中国的历史长河中留下了浓墨重彩的一笔。

开发江南

范文澜先生曾指出："长江流域一向落后的经济，逐渐赶上黄河流域的水平。黄河、长江两大流域合起来，中国封建经济的势力更强盛了，才产生出比两汉更强大的唐朝。"由此可见，汉末三国时期，长江流域经济的发展有重大的意义，孙权作为三国时代执政时间最长的统治者，顺应时势，为江南经济的发展做出了重要的贡献。

东吴政权是在江南建立的第一个局部统一的大政权，

他的规模、实力,远超秦以前在江南立国的吴、越、楚。要维持这个大政权,就需要相适应的综合实力:人口、文化、技术和经济规模。为了开发江南经济,孙权的第一个战略措施,就是仿照曹魏推行屯田制度。由于广泛推行了屯田制度,重视水利设施建设,普遍利用畜力,江南经济得以持续、快速发展。

为了水运和作战的需要,孙权很重视造船业的发展。当时最大的造船基地在建安郡侯官(今福建福州),东吴在此设置了典船都尉。孙权曾派大型船队渡海,北至辽东,南到台湾、海南等地,为航海事业的发展做出了贡献。东吴灭亡时,西晋接收的大小舟船就达五千余艘。东吴的纺织业和冶铸业也很发达。

孙权对岭南的开发建设也很有成效。

岭南土地辽阔、物产丰富,又位居大后方,对东吴政权的稳固起着重要的作用,孙权很重视对岭南的开发和治理。在东吴统治岭南的数十年间,岭南经济发展有了很大的发展。岭南还是东吴海外贸易的基地。据史书记载,孙权曾派朱应、康泰通使大秦、天竺等国,此后也有不少海外商人到岭南通商贸易,随着岭南经济的开发和造船业的发达,岭南地区的海外贸易逐步走上持续发展的时期。

东吴立国南方,也极大影响了中国都市格局的发展。黄龙元年(229年),孙权建都建业(今江苏南京),此后有东晋,南朝宋、齐、梁、陈,共三百七十多年在此建都,史

> 岭南地区相当于今五岭以南的两广、海南岛,以及越南北部、中部地区,这里在秦代纳入中原统一王朝的版图,但因山林阻隔,远离中原腹地,长期以来经济文化发展落后。

称"六朝金粉"。东吴定都建业,使这块虎踞龙蟠之地开始了城市化的进程,同时也奠定了南京作为著名历史古都的地位。

"宫斗"困局

孙权早年贤明豁达,晚年却残暴、猜忌,反差巨大,这在历代帝王中也是比较突出的。

在魏、蜀、吴三国,就其政治号召力来说,东吴不如魏、蜀,魏国挟天子以令诸侯,一切以汉献帝为招牌,名正言顺,当曹丕具备称帝条件后,通过汉献帝的禅让,就率先称帝。刘备是汉朝宗室,以兴复汉室为号召,也有称帝的资格。这种政治号召力,很为当时人所看重,孙权却缺乏它。因而,孙权为了争夺荆州,曾经和曹魏结盟,并称臣于曹丕,受封为吴王。夷陵战后,孙权与蜀汉恢复了联盟关系,解除了西顾之忧,又经过几年的筹划,才于黄龙元年(229年)正式称帝。

早在打败关羽、夺取荆州后,孙权就骄傲起来。一次,他在武昌临钓台饮酒,使人以水洒群臣,说:今天饮酒一醉方休,谁掉在台下水里,才能离席。又一次与群臣饮酒,孙权亲自劝酒,大臣虞翻不胜酒力,假装酒醉,伏地不起,等孙权走了,他又坐起来了。孙权大怒,竟然要杀掉虞翻,经群臣苦劝,孙权才作罢。

孙权好大喜功,权欲膨胀,在对待辽东公孙渊一事上

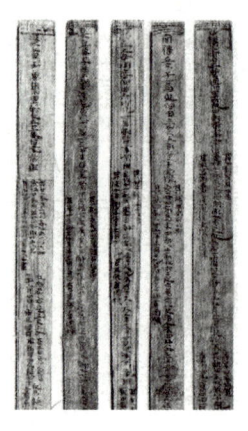

长沙走马楼三国吴纪年简牍,反映了孙吴时期人们的现实生活、社会交往和经济关系等情况。

孙权像

表现得更为明显。嘉禾元年（232年），辽东公孙渊向孙权称藩，孙权大喜过望，准备派将士万人，携无数珍宝前往辽东，群臣苦谏无果，结果公孙渊吞其财宝，没收兵资，斩杀东吴使者献于魏国。孙权大怒，竟然要亲征辽东，又是群臣冒死劝谏，他才放弃这异想天开的念头。孙权晚年的弊政，还表现在他偏信奸佞吕壹，搞特务统治，对文武大臣侦察、告密，搞得人人自危。

孙权为什么晚年对大臣百般猜忌，甚至屠戮呢？这恐怕不能单从孙权的性格方面考虑，其背后有着深刻的政权结构的矛盾。孙权的将领很多出身于世家大族（如陆逊等），东吴又实行世袭领兵制和复客制，结果世家大族拥有的土地和劳动力越来越多，势力急剧膨胀，与孙权的皇权矛盾日深，因此孙权才采取了极端的手段，试图对世家大族的势力有所限制，但效果并不显著。

孙权在立太子的问题上失误太大，对东吴后期的政局产生了极为消极的影响。孙权先立孙登为太子，孙登由陆逊等辅佐，驻守武昌，孙权担心太子会形成另一个权力中心，因此利用孙和牵制孙登，孙登病死时只有三十三岁。孙权再立孙和为太子，又以孙霸来牵制孙和，大臣有的党附孙和，有的党附孙霸，形成水火不容的党争局面。党争的结果，孙和被流放，孙霸被杀，大臣诛死者数十家。孙和、孙霸都是孙权看重、喜爱的儿子，结果一废一死，这是孙权晚年的政治悲剧，也是他的家庭悲剧。

吴太元二年（252年），孙权死，年仅九岁的孙亮即位，诸葛恪与滕胤、吕据、孙峻受遗命辅政。诸葛恪是继四英将之后，最有才气干略的东吴大臣，他自幼聪敏、才思过人，但作为政治家不够深沉稳重，而又急躁冒进。

吴建兴元年（252年），诸葛恪于东兴（今安徽无为北）大败魏军，俘获大量军资器物。这次大胜，滋长了诸葛恪骄傲轻敌之心。次年，诸葛恪大起郡兵二十万，与魏军大战，结果吴军大败，部队折损大半。

诸葛恪军败，威信受损，人民怨愤，孙峻利用了这种情

诸葛恪得驴

绪，在宫中伏兵杀死诸葛恪。孙峻是孙坚弟孙静的曾孙，杀诸葛恪后便进位为丞相大将军，独揽朝政。孙峻虽是宗室，但资历名望不高，又采用阴谋手段上位，因而朝野上下反对的声音很多，孙峻不安，更采取极端手段维持统治，吴国出现了君臣互不信任、政变迭起的局面。

孙峻死后，大权由孙峻族弟孙綝（chēn）执掌，孙亮亲政后，与孙綝矛盾日深。太平三年（258年），孙綝废孙亮为会稽王，另立琅琊王孙休为帝。孙綝一门五侯，掌握禁卫军，权倾一时。孙綝这样的权臣，自然令孙休寝食难安，君臣互相猜忌，都在寻找时机。永安元年（258年），孙休利用朝会诱杀孙綝，权臣执政的局面才告结束。此后，孙休又逼死了孙亮，才算坐稳了皇帝宝座。

从孙和、孙霸两宫争储，到孙休逼死孙亮，十年之间，内乱多次出现，政局剧烈动荡，东吴的统治也进入了末期。

三国归晋

蜀国灭亡后,三国鼎立已经演化成晋吴南北对峙的局面,东吴的末代君主孙皓(hào)是历史上有名的暴君,他昏庸暴虐,动摇了东吴的统治基础,统一大业就只能由司马氏建立的晋来完成。

永安七年(264年),当了六年多皇帝的孙休病重,口不能言,将十多岁的儿子托孤给丞相濮阳兴,不久去世,年仅三十岁。当时,蜀国刚刚灭亡,东吴面临的局面非常严峻,丞相濮阳兴等以"国赖长君"的名义拥立乌程侯孙皓为帝,孙皓时年二十三岁,大臣们对孙皓寄予厚望,说他"才识明断",像孙策一般英武。

刚刚当上皇帝的孙皓确实比较振作,对一些政策做了调整。在用人上,先后起用了陆氏家族的陆抗、陆凯。孙皓以陆抗为镇军大将军,都督长江上游军事,陆凯则出任左丞相,主持朝政,二人文武兼备,内外相济;同时,孙皓还抚恤士民,开仓赈济,民众称孙皓为明君。在纳谏方面,孙皓最初也做得不错,他进行了变革,挑选一些有名望的人士担任谏议官，在朝野内外形成了一股清议之风，这对延缓孙皓统治的腐败确实发挥了一些作用。

但当孙皓的宝座坐稳以后，他的消极面就渐渐显露出来。为了强化皇权，他延续了孙权的弊政，而且变本加厉，大搞特务统治，除了孙权设立的"校事"外，又设立了"弹曲"，这两个机构都是用来监察、监视大臣的，孙皓纵容他们议论政事、陷害忠良，导致士大夫与东吴政权疏离，君臣猜忌，上下离心。孙皓猜忌好杀，他将拥立有功的濮阳兴、张布统统杀死，还杀了孙休的皇后和两个儿子，以至于东吴的宗室也不能安心，宗室孙秀甚至降晋。

孙皓大兴土木，营造宫殿，他让二千石以下的官员都亲自入山监督工人伐木，他建造的园林极尽工巧，耗费的资财数以亿万计。

孙皓生活极度腐化，不遵礼法，四处挑选民女，搞得民怨沸腾，他的后宫宫女嫔妃数以千计，因为后宫靡费太大，以至于府库空虚。生活的荒淫严重地削弱了他的意志，导致他无心政事，他曾经宠幸张布之女，又因故将其乱棒打死，随后因为思念她的美貌，又将她的姐姐纳入宫中。孙皓曾与嫔妃在后宫欢宴数日，不听朝政，这不仅荒废了政事，也导致统治阶级内部的猜忌。

孙皓还纵情放任，酗酒无度，直至东吴灭亡，统治阶级上层的酗酒、奢靡之风依然很盛。

孙皓能言善辩，反应比较灵敏，但也性格极端，气量狭小，甚至有些心理变态，很难与大臣进行正常的沟通交流。

孙皓还是历史上有名的残暴之君，在他的统治下，法禁严苛，苛捐杂税搞得民不聊生，纷纷逃亡。地方官员如果还有一些良知，拒绝执行搜刮民间、聚敛钱财的政令，孙皓则大开杀戒，会稽太守车浚以民无资粮，请求赈贷，竟被枭首。尚书熊睦有所劝谏，孙皓令人用刀镮（huán）将其撞杀，熊睦死时体无完肤。大臣贺邵上书劝谏孙皓正视危机，改弦更张，孙皓深恨贺邵直言敢谏，竟然用烧红的锯将贺邵的头割下来。

孙皓相信巫术、谶（chèn）纬，一些别有用心的人就趁机制造一些所谓的符瑞谶言来欺骗孙皓。有人预言"荆扬之君，终有天下"，孙皓竟然相信了，他率领军队及太后、皇后北上伐晋，路上天降大雪，好多兵士都被冻死了，一些将士公然宣称：若遇敌兵，就倒戈投敌。孙皓害怕了，才终止了这次北伐闹剧。

孙皓的倒行逆施，惹得天怒人怨，这个政权已经被东吴的人民抛弃了。东吴的最后一位丞相张悌还是有些才干和危机意识的，他说：吴国就要亡国了，这已经是尽人皆知的了。

孙皓上位的第二年，司马昭的儿子司马炎废掉魏帝，称帝建立晋朝，史称西晋，时年司马炎三十岁，正值盛年。

司马炎称帝后，总结前代的教训，雄心勃勃，很是振作，政治比较清明。他改革前朝弊政、移风易俗，在用人方

晋武帝司马炎

面,格局较大,不仅任用了曹魏的旧臣,还任用了蜀汉政权的官员,其中包括著名学者谯周、文立以及诸葛亮的孙子诸葛京。在司马炎的统治下,晋国经济进一步发展,在综合国力上形成了对吴国的压倒性优势。而当时的吴国逐渐走向衰落,尤其是孙皓的暴政,导致人心思乱,危机四伏,这一切都为晋国的统一事业提供了条件。

司马炎称帝后的第四年,他派才识出众,力主平吴的羊祜(hù)坐镇襄阳,主持对吴国军务。羊祜是司马炎的姻亲,很得信任。羊祜到任后,发展生产,勤政爱民,减轻赋税,争取民心;同时,训练军队、增强后勤储备,晋吴对峙的天平更进一步向晋国倾斜。

不过,羊祜也遇到了强劲的对手,这就是东吴的陆抗。陆抗是陆逊的儿子,是一位优秀的军事统帅,也是才能出众的政治家。陆逊与羊祜的对垒,堪称三国晚期的巅峰对决,陆抗在军事才能上还略胜一筹。陆抗到任后,很快领兵攻破江陵(今湖北宜昌),将献城投降晋国的东吴将领步阐杀死,并打败了羊祜率领的晋军。此时,尽管吴国内政不修,国力衰落,但是还有陆抗、施绩、丁奉等将相主持内外,内政还不至于崩溃,军事上也还能维持划江而守的局面。

吴凤凰三年、晋泰始十年(274年),维持东吴军事力量的支柱陆抗病死,东吴的长江防线防御能力明显下降。羊祜开始筹划南进的军事部署,并召集诸将商讨作战方案。两年后,羊祜上表朝廷,请求兴师伐吴。

东吴建立以后，沿长江一线，建立了西陵、江陵、沔口和濡须四个军事交通枢纽，来抵御曹魏南下进攻。从东吴和曹魏对峙的几十年情况来看，东吴的长江防线非常牢固，同时，东吴的水军力量也比曹魏强大。因而，从赤壁之战后直到孙权去世的四十四年间，曹魏多次发动对东吴的大规模进攻，这些战争大多以曹魏一方的失败或无功而返告终。当羊祜提出伐吴动议时，晋国朝野上下仍有人对越过长江天险进攻吴国心存畏惧，重臣贾充和荀勖更是极力反对伐吴，司马炎也犹豫不决，最终还是否决了立即伐吴的建议。

又过了两年，羊祜病重，他要求返回洛阳，向皇帝面陈平吴大计。羊祜表示，当前孙皓暴虐，吴国上下离心，正是伐吴的大好时机，一旦孙皓死掉或者被废，吴国另立明君，就是百万大军也难渡过长江天险。临终前，羊祜举荐杜预代替自己主持平吴大计。杜预也主张立即开始平吴。同时，主持益州军务的王濬为伐吴做了充分的准备，他造的大船，长百二十步，起楼橹，号称楼船，可载二千兵士，骑兵可在船上纵马驰骋。他更是主张立即兴师，他说平吴的大船有的已经腐烂了，而且自己已经年过七十，请求皇帝不要错失良机。

在前线主帅一致主战的呼声中，司马炎终于下了平吴的决心。西晋大起六路大军，南下平吴。这六路大军是：镇东将军司马伷出涂中（今安徽滁州一带），安东将军王浑出江西（今安徽省在长江以西的地区），建威将军王戎出武昌，平南将军胡奋出夏口，镇南大将军杜预出江陵，龙骧将军王濬（jùn）率巴蜀水军顺流而下。不过令人费解的是，平吴主帅竟然是一直以来反对用兵的贾充。

面对汹涌而来的晋国大军，东吴显然缺乏足够的准备。当年王濬在益州造船，废弃的木料沿江而下，东吴建平（今重庆巫山）守将吾彦就报告孙晧，晋国有大举伐吴的举动，应该增加建平和各要塞的守备力量，孙晧置之不理。建平城垒位于巫峡北岸，依山临江，形势险要，易守难攻。而守将吾彦，据说身长八尺，臂力超群，能手格猛兽，是一员虎将。

他认为晋军只有在攻克建平之后，才会出峡伐吴。吾彦在江中要害之处，设置铁索，又做铁锥，暗置江中，试图阻碍晋军大船行进。王濬则针锋相对，做了几十个大木筏，每个有百余步见方，筏上放置草人，披甲执杖，令士兵乘筏先行，铁锥刺到筏上都被筏带走。又制作了十余丈的巨大火炬，灌上麻油，放在船前，遇到铁锁，就点起火炬，将铁锁烧断，于是战船得以通行无阻。对于重兵防守的建平，王濬仅派遣少数兵力围困，大批人马乘船东下，迅速通过三峡而驶入长江。

吴国江陵守军抵抗了十多天，武昌守军不战而降。抵抗最为顽强的是丞相张悌率领的吴军，张悌击败王浑手下将领张乔，张乔投降吴军。不过，这只是落日的余晖，不久，张悌战死，吴军江西防线被突破。其余南下晋军所向披靡，杜预攻克江陵，横扫沅、湘、交、广诸州，王浑渡过横江，胡

西晋骑马仪仗俑，长沙金盆岭出土。

东汉画像砖上的徒手格斗猛兽形象。

奋攻下江安。晋太康元年、东吴天纪四年（280年）三月，王濬率军队八万，方舟百里，浩浩荡荡攻入建邺石头城，孙皓无计可施，只好自缚到王濬军前投降。唐朝诗人刘禹锡的著名诗句形象地描写了这次晋吴大战：

　　王濬楼船下益州，金陵王气黯然收。

　　千寻铁锁沉江底，一片降幡出石头。

吴国自孙权称帝，历四位皇帝，立国五十七年，末代皇帝孙皓在位十六年，是除孙权外在位最长的皇帝。东吴灭亡后，孙皓也被安置在了洛阳。一日，司马炎接见孙皓，指着座位说：我设置这个座位等待你很久了。孙皓嘴上不肯吃亏，说：我在江南也为陛下设置了一个座位。其实，孙皓的政权早已风雨飘摇。后人评论说，孙皓之昏暴，为三国君主所仅有，是亡国之君，晋国即便不伐吴，孙皓的政权也维持不下去了，况且晋国以灭蜀之威，全力相搏，如泰山压卵，吴国完全没有招架之力。所以，孙皓的说法完全是为了维持颜面的自嘲之语。

吴国灭亡，中国重归一统。自黄巾起义和董卓之乱以来，东汉政权事实上处于解体的状况，诸侯割据，人民饱受分裂战乱之苦。赤壁之战后，三国分立的局面出现，三国的政治家，从曹操、曹丕到诸葛亮、孙权，都以统一中国为自己的政治理想，三国分立实现了局部统一，为晋的最后统一准备了条件。司马炎顺应历史潮流，完成了统一大业，人民得以避免战争之苦，西晋时期也出现了短暂的所谓"太康盛世"。

汉末三国时代社会风貌

汉末三国时代可以分为两个时期。前期，诸侯争霸，天崩地坼，时代呼唤能够拯救时势的英雄人物，在历史风云的激荡下，各路豪杰纷纷登场，整个社会呈现出尚武进取、慷慨使气，渴望建功立业的精神风貌；后期，三国鼎立，实现了局部统一，社会逐渐出现了比较安定的局面，上层社会的精神风貌开始走向精致化、文人化。人类社会是在血与火的战争洗礼中曲折前进的，三国时代战争频繁，直接刺激了军事装备的改进和发明，在世界军事史上产生深远影响的马镫就出现在这一时期，军事技术的进步也反哺民生，使这一时期的物质文明并未因战乱而停滞。

从关羽的"青龙偃月刀"说起

在《三国演义》中,关羽冲锋陷阵,有万夫不当之勇,他的标志性武器是青龙偃月刀,直到今天,在各地的关帝庙中青龙偃月刀仍然是标配。历史上,关羽究竟是不是使用青龙偃月刀,这还真是个问题。从出土的汉画像砖上,我们看不到与青龙偃月刀类似的武器,当时人使用的武器大多是弓、箭和剑、戟一类的武器,戟类似于矛。

据王学泰先生考证,唐朝时,一般认为关羽使用的武器是"剑",如唐代郎士元在《关羽祠送高员外还荆州》诗中说关羽"一剑万人敌";北宋时,又有人认为关羽的武器是"槊",如苏轼好友李廌(zhì)的《关侯庙》中说"横槊勇冠军","槊"是"戟""矛"一类的武器。

再还原到关羽刺杀颜良的场景看:关羽刺颜良于万众之中,斩其首还。从《三国志》的原始记载看,关羽使用的确实应该是戟和矛一类的武器。

矛出现的历史很早,湖南长沙春秋墓出土的矛全长2.97

在金代以后，出现了类似青龙偃月刀式的武器。左图为山西侯马出土的金代士马交战画像砖。

米，湖北随州战国曾侯乙墓出土的矛长4.36米，可以和西方著名的马其顿长矛（长3.96—4.2米）相比。汉末至三国时代，出现了升级版的矛——矟（通槊），矟就是带两刃的长矛。《三国演义》所说的张飞的丈八长矛就是这类武器，长约4.14米。吕布刺杀董卓使用的是矛——矟（槊），曹操"横槊赋诗"，手持的也是这类武器。从汉末三国到唐代，矟（槊）一直是武器中的骄子，风光了五百年，它的实物始终未曾出土，现在还很难说清楚它到底是什么样子。这么说，关羽和张飞使用的兵器一样，都是"丈八长矛"。

到了元代初年，关羽的形象才与青龙偃月刀和赤兔马结合在一起，郝经的《汉义勇武安王庙碑》中"旌甲旗鼓，长刀赤骥"，就与《三国演义》中关羽"手中青龙偃月刀、坐下赤兔马"的形象基本接近了。

虽然"青龙偃月刀"是小说家的夸张，但是三国时代的武器制作工艺还是有了较大的发展。据说，曹操令人造五把宝刀，三年才造成。曹丕也曾令"国工"选"良金"，炼

《三国志》中还出现了一种刀——"书刀"，将冀州献给袁绍的韩馥，就是在走投无路之际用书刀自杀的。不过，书刀并不是兵器，而是文具，类似今天的"橡皮擦"。三国时代，人们在木简和竹简上书写，如果写错了字，就用书刀刮去，当时的读书人都随身佩带书刀，书刀大多做得很精致，或装银首，或错金，或附象牙鞘，当时以蜀产金马书刀最有名，河北满城汉墓曾出土过书刀的实物。

237

成三把宝剑、两把匕首和一把陌露刀。炼成的宝剑，有"光似流星"而名"飞景"的，有"色似采虹"而名为"流采"的，还有名为"华锋"的。从名称中可以想见其精美、锋利绝非一般刀剑可比。

三国时代还有一个军事史上的重大突破——马镫的早期形态"高桥鞍"和"单马镫"出现了。

在马镫被应用以前，在马上使用兵器很困难，骑兵并不能正面冲击密集的步兵军阵，只能作为步兵的辅助兵种，承担侦察、偷袭等辅助任务。到了汉末和三国时代，骑兵的作用有所加强，他们会对严整的步兵军阵发起强行冲击，这种冲击的主要作用不在于杀伤多少敌人，而是打乱敌军步阵的行列和指挥序列，从精神上震慑敌军，制造混乱，从而为发动攻击创造条件。关羽刺杀颜良使用的就是这一战术，在敌方不备的情况下，冲入敌阵，"百万军中取上将首级"。

三国时期的重大战役，有不少是水战，如赤壁之战、夷陵之战等。三国之中，吴国的水军最强。孙吴位居南方，占据长江中下游地区，地理条件极利于其发展水军。孙吴的国家战略又把水军置于极重要的地位，使其水军的发展达到一个空前的高度。孙吴水军装备精良，战船种类齐全，数量众多，性能先进，拥有上层建筑达五层的五楼船以及"飞云""盖海"等大船。

水军的战法主要有战船冲撞与接舷格斗。战船冲撞是利用坚船高速冲向敌舟要害部位，如划过舷侧折断其长楫，冲

6世纪时，马镫才传到匈牙利。10世纪时，马镫传到伊朗，当地人将马镫称为"中国鞋"。马镫在军事史上的作用长期被低估了，李约瑟博士认为："我们可以这样说，就像中国的火药在封建主义的最后阶段帮助摧毁了欧洲封建制度一样，中国的马镫在最初却帮助了欧洲封建制度的建立。"

撞船尾破坏其舵室，或拦腰撞击斗楼，毁坏其弩窗、矛穴，这样可以使敌船失速或部分丧失战斗力。接舷格斗则是当舟楫相交、狭路相逢时，使用戈、矛等兵器进行肉搏战，杀伤敌方有生力量或破坏敌船重要设施。大江之上，火攻也是有效战法，三国时期的水战很重视火攻的运用。火攻是利用上游或上风的有利位置，选择合适时机，点燃专门制作的火船或火筏，驶向并引燃敌方战船，以造成敌军重大伤亡和损失，或引起敌军混乱，乘机发动攻势。赤壁之战就是利用火攻取胜的成功案例。

蜀国以步兵闻名天下，看过《三国演义》的都知道，诸葛亮的"连弩"很厉害，是三国时代的大杀器，这个说法倒是比较符合史实。1979年，陕西城固蜀汉墓中有九件弩机出土，这里正是诸葛亮驻守和作战的区域。关于诸葛亮发明的"连弩"是如何发射的，现在已无法确知。从宋代曾公亮在《武经总要》中谈到"床弩"的操作中，可以推测想象一下：床弩是由几张弩弓组成的连弩，每一张弩要由几个人由绞车拉开弓弦。发射时数张弓弩同时发射，每张弓弩可射出数十支箭，威力很大。

三国时期的弩机

"木牛流马"与三国时代的车

读过三国故事的读者，都对诸葛亮的"木牛流马"印象深刻。关于"木牛流马"《三国志》中也有记载。"木牛流马"到底如何制作，它的神奇之处在哪里，至今还有学者在探究。不过,还原"木牛流马"虽然并不容易,但是我们可以知道"木牛流马"的原型是三国时代的"鹿车","鹿车"不是鹿拉的车,而是由人操作的独轮车,最早出现在山路崎岖的蜀中,即今天的四川、重庆一带。

除了"鹿车",三国时代还有军用的"追锋车","追锋车"是由两匹马拉的车,速度极快,取其风驰电掣之意,故名为"追锋"。当年司马懿从辽东前线赶回洛阳抢班夺权,乘坐的就是"追锋车",据说一晚上就跑了四百里。

三国时代的车有比较严格的等级限制,皇帝乘坐的车叫"金根车"。金根车是皇帝专用的豪华车辆,在皇家出行的大型仪仗中有两辆"金根车",皇帝乘坐的是六匹马拉的金根车,"建旂(旗)十二"。另有一金根车随在其后,"驾四马,不建旗帜"。五时副车是仪仗队中的重要组成部分,包括立车五乘和安车五乘,分别涂成青、赤、黄、白、黑五种颜色,象征东、西、南、北、中五个方位,其搭配是东青、西白、南赤、北黑、中黄。

官员乘坐的车叫"轺(yáo)车"。轺车以马拉为主,在汉代,轺车为中下级官员使用,三国时代,高级官员也使用轺车。

犊车,是牛拉的大车,汉代为地位低微者乘用,三国以后成为社会上层人士日常出行的主要交通工具。我们常用"老牛拉破车"形容速度慢,但古时的牛车速度并不慢,《世说新语》上记载有石崇、王恺赛牛车的事,据说跑得快

南朝画像砖上的牛车

的牛车"迅若飞禽",像鸟一样快,这在我们今天看来有点不可思议。

舌尖上的三国

《三国志》上有多处描写到宴会,而且孙权、孙皓都经常举办宴会、做长夜之饮,东吴的君主还喜欢暴力劝酒,如果想偷懒不好好喝酒,甚至有生命危险。不过,三国时代的酒度数不高,当时酿造酒的酒精含量一般在18度左右。

三国时代的人到底能吃到什么?不仅《三国志》吝于笔墨,就连《三国演义》中也难找到一份完整的"菜单",这与《红楼梦》中不厌其烦地描写"茄鲞"的做法形成鲜明的对比。虽然《三国志》里没有菜单,干宝的《搜神记》却神乎其神地记载了一次曹操的宴会,说是曹操的宴会上,山珍海味毕备,只可惜少了吴地松江的鲈鱼做脍。左慈立刻让人取来铜盆,贮满清水,用一根钓竿伸到水中,一会儿就钓来一条鲈鱼。脍,就是现在的生鱼片,将鱼肉切细,蘸上调料如葱芥等生吃，当时人们生吃最多的是鲤鱼，最喜爱的则是鲈鱼和鲻鱼。

除了各种鱼类，三国的餐桌上当然还有肉。肉类中羊肉是首选，猪肉、鸡肉在餐桌上也比较常见，上层阶级还可吃到牛肉，三国时代一般不准滥杀耕牛，但权贵之家不受约束，依然宰牛食肉。曹植有诗云：置酒高殿上，亲友从我游，中厨办丰膳，烹羊宰肥牛。同时，狗肉也是宴席上的老面孔，屠狗业从秦汉以来长盛不衰。

宴饮图，出自东汉画像砖。

蔬菜中，韭菜是我国驯化最早的蔬菜之一，三国时代，韭菜遍布全国各地，是人们常吃的菜蔬。

茄子，原产印度，汉代进入我国，魏晋南北朝时期开始在各地引种，另外菰（gū；即茭白）、莼菜、禽蛋、菌类、竹笋等也被人们搜罗食用。

三国时代佐餐的调料主要是酱，酱作为调料是中国人民对世界饮食文化的一大贡献。酱在我国饮食中居重要地位，孔子说："食不厌精，脍不厌细，不得其酱，不食。"三国时代的酱有各种种类，有以牛、羊、鹿、兔等各种肉类为原料的肉酱，有以鲤鱼、青鱼、鲷鱼、刀鱼、河豚、虾等各种鱼类及水产为原料的鱼酱和虾酱，还有以麦、榆子、芥子等为原料的酱。不过，如果曹操、孙权想吃炒土豆丝或者辣椒炒肉是吃不到的，因为马铃薯和辣椒那时还没有传到中国。

三国时代的主食品种也比较少，我国主要的粮食作物是"五谷"：麻、黍、稷、麦、豆。五谷外又有"九谷"的说法，比起"五谷"主要增加了稻。从商周直到明代前期，粮食作物的品种大体稳定。到了明代后期，由于新大陆的发现，美洲粮食作物传入我国，才使粮食作物中增加了新的成员，进而改变了我国粮食生产的结构，其中特别重要的是玉米和白薯。

相比主食和蔬菜，三国时代的水果品种还是比较多的。像我们现在喜欢食用的樱桃、桃、梨、李、枣、栗、山楂、柿子等，栽培的历史可以追溯到先秦时代，还有南方的橘子，也比较常见。三国时河北南部也可以栽培橘子了，曹植的《橘颂》中写道："播万里而遥植，列铜雀之园庭。"铜雀台在今河北临漳县，可见在北方也引种了橘子。橘子以外，还有荔枝，汉代又从西域引进了葡萄。

亲射虎，看孙郎

苏轼有诗赞叹孙权的英武之气：亲射虎，看孙郎。辛弃疾也有诗赞扬孙权：千古江山，英雄无觅，孙仲谋处。当年曹操在战场上看到孙权手持双戟左右冲杀的剽悍之姿，忍不住喟叹：生子当如孙仲谋。关于孙权射虎，《三国志》上确有记载，建安二十三年（218年），孙权策马射虎，马被虎伤，情势万般危急。事后，群臣劝谏："主公乃九五至尊，身系东吴安危，不可身临险地。"孙权虽然没有反驳，可是他射虎的爱好却没有放弃，每次田猎都以射虎为乐，甚至专门做了射虎车，在打猎时，一些老虎和猛兽攀缘到车前，孙权以手击之，其英雄气概丝毫不输景阳冈上打虎的武松。不仅孙权射虎，据说曹操的儿子曹彰还能赤膊搏虎，徒手伏象，历史上还有曹魏大将曹真射虎的记载。这些帝王将相射虎的记载并非虚构，出土的汉代画像砖中有很多徒手伏虎的图像，甚至有一人伏两虎的图像。三国时代，汉民族正处于蓬勃发展的青年期，整个社会都洋溢着建功立业、积极进取的精神。三国时代的政治家、军事家很少有文弱书生，我们心目中的文官如鲁肃、陆逊都是文武兼修的人物，有些军事家还是大学者，例如西晋平吴的主帅杜预，就是研究《春秋左传》的大学者，我们今天看到的《左传》版本，就是经杜预修订的。

猎虎画像砖

随着生活的安定、统治的稳定，在统治阶级上层兴起了奢靡享乐之风，在审美取向上也向脂粉化、女性化发展。东汉时，傅粉熏香还是妇女的专利，东汉后期男性中也出现了傅粉熏香的现象，不过还只是个别的情况。曹操曾专门下令禁止贵族男士熏香。有意思的是，曹操的儿子曹丕和曹植都喜欢熏香施粉。曹丕经常施粉，把身上弄得很香。一天，曹丕将乘马，马突然闻到一种异香，于是，它回头去咬曹丕的衣服，曹丕大怒，将坐骑杀掉。曹操的另一个儿子曹植也是熏香的爱好者，曹植在会友的时候，要先洗浴，再施粉，然后出来会友交谈。何晏是东汉末年大将军何进的孙子，父亲早逝后，母亲尹氏被曹操收纳为妾，何晏做了曹操的养子，与曹丕等人长于魏王宫中，算是曹魏宗室。据载，何晏"好服妇人之服"，"动静粉白不去手，行步顾影"，喜欢穿女性服装，日常生活中脂粉不离手。到了三国时代后期，男子傅粉施朱，已是当时上层社会的普遍现象。到了南朝后，上层社会中的唯美追求病态发展，世族子弟"无不熏衣剃面，傅粉施朱"，追求阴柔之美，有的人上车走路都需要侍从扶持，听到马嘶就惊吓不已，身体已经是"肤柔骨脆"，别说是上马驰骋征战，就是从事普通的行政工作也力不从心。所以，显赫一时的世家大族最终在自我标榜、自我陶醉的精神鸦片中被历史所抛弃。

建安风骨与魏晋风度

建安是东汉最后一个皇帝汉献帝的年号，共计二十五年，属于前三国时代。建安时代是我国文学史上的黄金时期，曹操和曹丕、曹植都是才高八斗的诗人。曹操喜爱文学，登高必赋，酒宴必歌。在曹操的周围聚集起一批文学名士，有百人之多，其中的代表人物就是所谓的建安七子。这些文士创作了大量文学作品，许多作品是在随军征战的过程中创作的，建安十三年（208年）前后，王朗、陈琳、徐干、刘桢、阮瑀、王粲随曹操南征，在此期间，阮瑀作《纪征赋》，王粲作《初征赋》，徐干作《序征赋》。大动荡、大变乱的东汉三国时代，给广大民众带来了痛苦，同时，群雄割据的政治局势，也给士人带来了建功立业的机会，因此，建安文学中充满着感怀伤时的文人情怀，也充满着渴望建功立业的冲天豪情，后人以"慷慨使气"来形容建安文学的时代风格，称之为"建安风骨"。

曹魏正始年间以后，司马氏集团和曹魏集团的斗争日趋激烈，司马氏以残酷屠杀的手段来消灭曹魏集团的力量，一时间造成了政治上黑暗恐怖的局面。以前纵论时事、品评人物的名士们不再敢妄言政治，只求在乱世中明哲保身，儒学一家独尊的局面开始动摇，崇尚无为自然的老庄思想逐渐深入人心。一些名士终日饮酒服散，宽袍阔带，纵情山水，形成了特定的精神风貌和社会风尚。《世说新语》一书反映

> 东晋谢灵运说："天下才共一石，曹子建独得八斗，我得一斗，自古及今共用一斗。"曹子建即曹植。

了魏晋士人的言行和风尚，该书运用"风度"来品评魏晋人物，是历史上最早用类似"魏晋风度"的概念来评价魏晋人物的作品。鲁迅先生的《魏晋风度及文章与药及酒之关系》，把魏晋士人的精神风貌概括为"魏晋风度"，从此"魏晋风度"广为人知，成为中国的文化符号，也成为中国思想史上无法绕开的话题。

历史书写留给后人的关于魏晋风度的形象是复杂而矛盾的，有积极的、舍生取义、视死如归的形象，如嵇康。据史书记载，嵇康为人"肃肃如松下风"，才华出众，是士人领袖，他与阮籍、山涛、刘伶、阮咸、王戎六位名士常在云台山下的竹林聚会，人称"竹林七贤"。在司马昭的政治清洗

竹林七贤

中，嵇康被判死罪，三千名太学生曾联名上书，请求以嵇康为师，恳请司马昭爱惜名士、刀下留情，但嵇康还是在洛阳被杀。临刑前，面对送行的百姓、士人和太学生，嵇康从容弹奏《广陵散》，怨恨凄恻如幽灵夜行，抑扬顿挫似鼓角争鸣，铮铮琴声飘进了每个人的心里。曲毕，嵇康从容赴死。嵇康死后，《晋书》《世说新语》《资治通鉴》等一次又一次提起这位士人，《广陵散》的琴声也撞击着一代又一代士人的心灵。

消极的形象也俯拾皆是。他们放歌纵酒、放荡不羁。史载山涛饮酒八斗不醉，阮籍喝酒六十日不醒。刘伶嗜酒如命，常令人推一鹿车跟在他后面，说死即埋我，一旦喝酒来了兴致，则脱衣裸行、不拘形迹，登门拜访的人讥笑他有失体统，他则醉眼蒙眬地说：我以天地为房屋，以房屋为衣裤，你们为什么钻到我的衣裤中来？

事实上，这两种看似矛盾的形象有共同的思想内涵，那就是魏晋名士对精神自由的追求。魏晋名士远离了功名利禄，不屑于趋炎附势，他们热衷于穿着打扮，涂脂抹粉，出现了古今中外都很罕见的极度追求美貌的独特现象，他们长啸高歌、服散养生、纵情饮酒，经常做出惊世骇俗的举动，但其自然流露的却是真性情，是对当时社会的黑暗和残酷统治的控诉，是对外表道貌岸然而内心虚伪邪恶的礼法之士和迫害人性的礼法制度的反抗和抗议。

魏晋士人在追求个体的精神自由的背景下，塑造出了中国文人独特的艺术精神和审美标准，中国画艺术中宁静、淡泊的艺术风格与魏晋士人淡泊名利的自然情怀之间有着不可分割的关联。魏晋时期，书法艺术也达到了一个高峰，魏晋士人的人格精神与自由思想在书法艺术上得到体现，惠及了后世。卫绍生认为，魏晋风度的时代意义还在于，它以文人的自觉为前提，奠定了中国文人的基本人格精神。

以我们现在的眼光看，魏晋名士放浪形骸、不拘形迹的心态并不可取，但他们在那个特定的时代表现出来的独立思考的精神和人性复归的取向却值得我们深思和借鉴。魏晋士人给世俗社会带来了猝不及防的巨大冲击和意外惊喜，让人们感受到除了功名利禄，还能有纵情自然、珍爱人生的真性情。从这个意义上说，魏晋风度不仅具有积极意义，而且具有超越时代的价值。

魏晋时代是我国思想解放的大时代，文化多元，推陈出新，被誉为"战国以来又一次思想解放运动"。以嵇康、阮籍等为代表的魏晋名士，与诸多英雄豪杰一起出现在三国时代的大舞台上，交相辉映，令后人高山仰止，汇成了荡气回肠的三国历史交响曲。

参考文献

[1] 陈寿.三国志［M］.北京：中华书局.1959年版.

[2] 田余庆.秦汉魏晋史探微［M］.北京：中华书局.1993年版.

[3] 何兹全.三国史［M］.北京：人民出版社.2011年版.

[4] 孙机.中国古代物质文化［M］.北京：中华书局.2014年版.

[5] 戴燕.《三国志》讲义［M］.北京：生活·读书·新知三联书店，2017年版.

[6] 宋杰.三国兵争要地与攻守战略研究［M］.北京：中华书局.2019年版.